浙江出版聯合集團
浙江古籍出版社

張岱全集

# 三不朽圖贊

〔明〕張　岱　撰　公户夏　點校

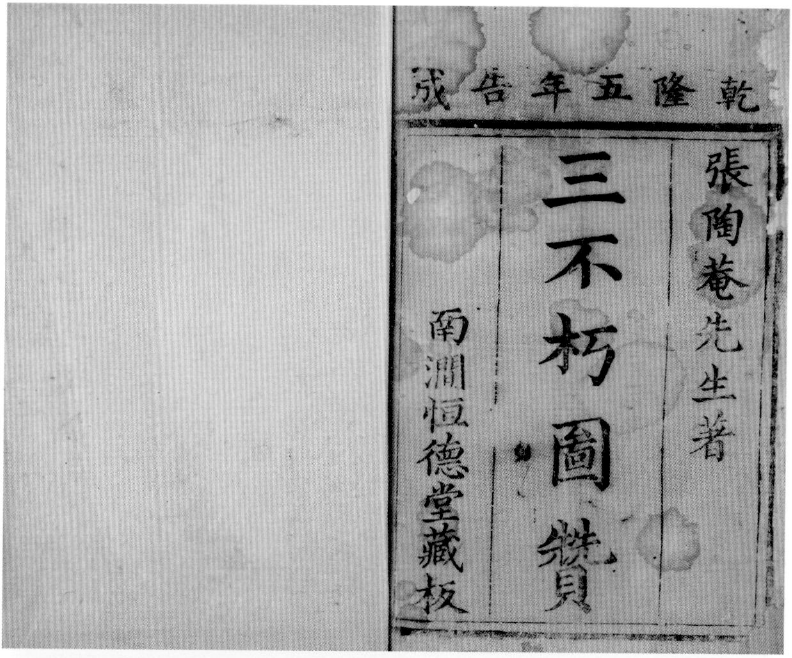

乾隆五年告成

張陶菴先生著

三不朽圖贊

南潤恒德堂藏板

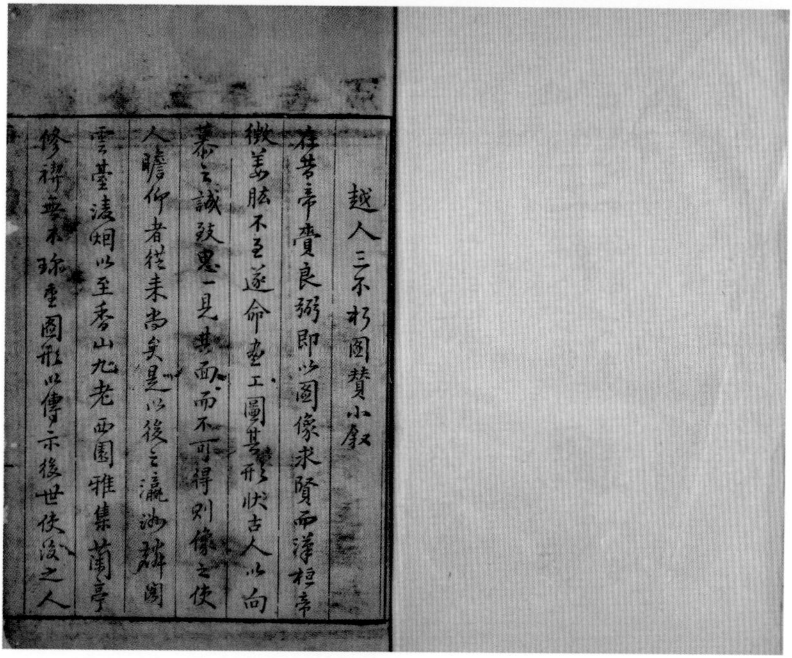

越人三不朽圖贊小敘

在昔帝賚良弼即以圖像求賢而漢桓帝徵姜肱不至遂命畫工圖其形狀古人以向慕之誠致思一見其面而不可得則像之使人瞻仰者從來尚矣是以後之瀛洲麒麟雲臺凌烟以至香山九老西園雅集蘭亭修禊無不繪畫圖形以傳示後世佚沒之人

浙江圖書館藏陳治德刻本書影

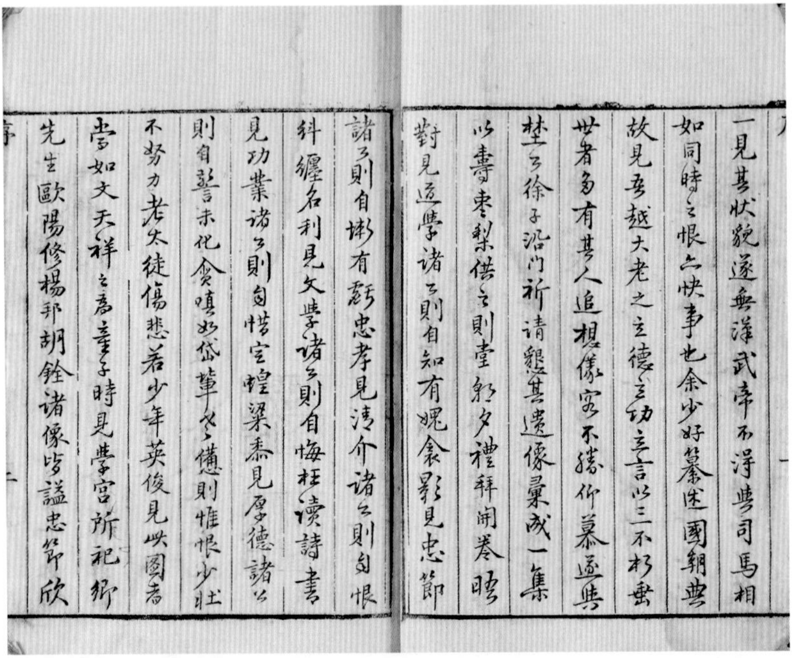

一見其狀貌遂無漢武帝不得與司馬相如同時之恨亦快事也余少好纂述國朝典故見吾越大老之立德立功立言以三不朽垂世者多有其人追想儀容不勝仰慕遂與楚之徐子沿門祈請貌其遺像彙成一集以壽棗梨借之則壹穆夕禮拜開卷晤對見道學諸公則自知有愧衾影見忠節諸公則自媿有慚忠孝見清介諸公則自恨糾纏名利見文學諸公則自悔枉讀詩書見功業諸公則自惜空蝗梁黍見厚德諸公則自警未化貪嗔如岱輩碌碌憊則惟恨少壯不努力老大徒傷悲若少年英俊見此圖者當如文天祥之為童子時見學宮所祀鄉先生歐陽修楊邦乂胡銓諸像皆謚忠節欣

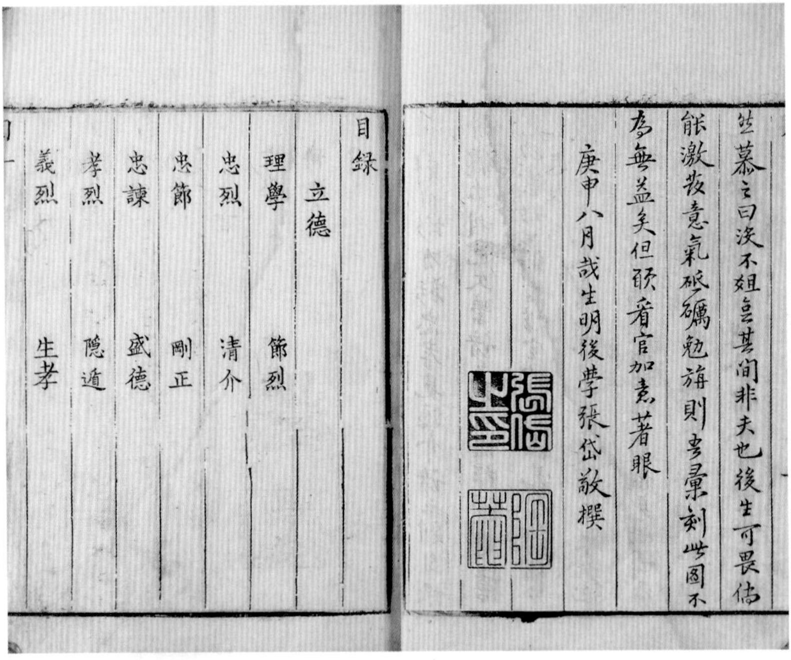

然慕之曰沒不俎豆其間非夫也後生可畏倘能激發意氣砥礪勉旃則吾彙刻此圖不為無益矣但願看官加意著眼

庚申八月哉生明後學張岱敬撰

目録

立德

理學　節烈

忠烈　清介

忠節　剛正

忠諫　盛德

孝烈　隱逸

義烈　生孝

浙江圖書館藏趙恩樾舊藏陳治德刻本書影

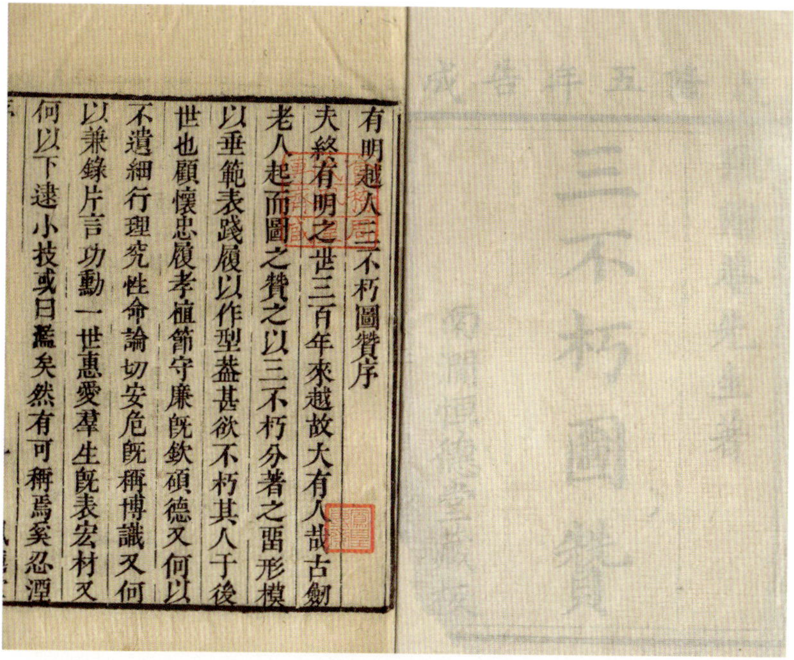

三不朽圖贊

有明越人三不朽圖贊序

夫終有明之世三百年來越故大有人哉古劍老人起而圖之贊之以三不朽分著之凿形模以垂範表踐履以作型盍甚欲不朽其人于後世也顧懷忠履孝植節守廉既欽碩德又何以不遺細行理究性命論切安危既稱博識又何以兼錄片言功動一世惠愛羣生既表宏材又何以下逮小技或日藝矣然有可稱焉奚忍湮

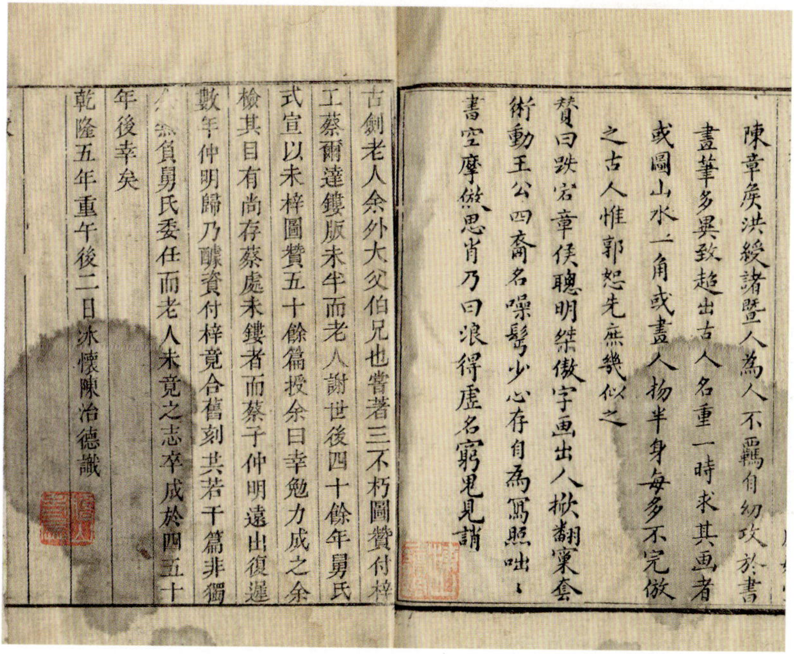

陳章侯洪綬諸暨人為人不羈自幼攻於書畫筆多異致超出古人名重一時求其畫者或圖山水一角或畫人物半身每多不完倣之古人惟郭恕先庶幾似之

贊曰跌宕章侯聰明桀傲字畫出人掀翻窠套衔動王公四裔名噪髫少心存自爲寫照咄咄書空摩娑思肖乃曰浪得虛名窮鬼見誚

古劍老人余外大父伯兄也嘗著三不朽圖贊付梓工蔡爾達鏤版未半而老人謝世後四十餘年舅氏式宣以未梓圖贊五十餘篇授余曰幸勉力成之余檢其目有尚存蔡處未鏤者而蔡子仲明遠出復遲數年仲明歸乃醵資付梓竟合舊刻共若干篇非獨不負舅氏委任而老人未竟之志卒成於四五十年後幸矣

乾隆五年重午後二日沐懷陳治德識

國家圖書館藏余烜重修本（甲本）書影

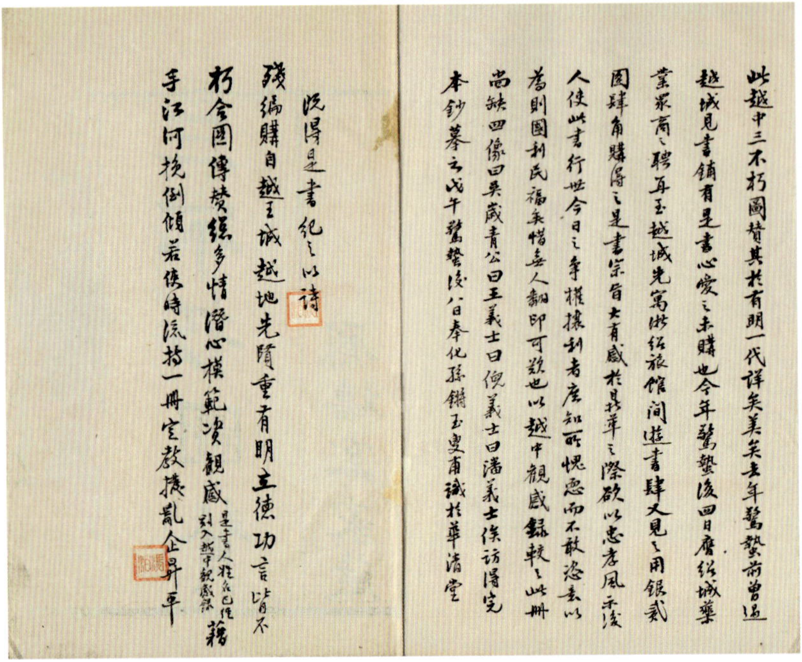

此越中三不朽圖賛，其於有明一代詳矣美矣。去年驚蟄前曾過
越城，見書鋪有是書，心愛之，未購也。今年驚蟄後四日，應紹城藥
業衆商之聘，再至越城，先寓紹旅館，間遊書肆，又見之，用銀貳
圓肆角購得之。是書宗旨，大有感於易革之際，欲以忠孝風示後
人，使此書行世，今日之爭權攘利者，庶知所愧恧而不敢恣妄，以
為則國利民福矣。惜無人翻印，可歎也。以越中觀感錄較之，此冊
尚缺四像，曰吳蕺青公，曰王義士，曰倪義士，曰潘義士，俟訪得完
本鈔摹之。戊午驚蟄後八日，奉化孫鏘玉叟甫識於華清堂

既得是書，紀之以詩
殘編購自越王城，越地先賢重有明。立德功言皆不
朽，合圖傳贊繪多情。潛心模範資觀感（是書人姓名已從刻入越中觀感錄），藉
手江河挽倒傾。若使時流持一冊，定教擾亂企昇平。

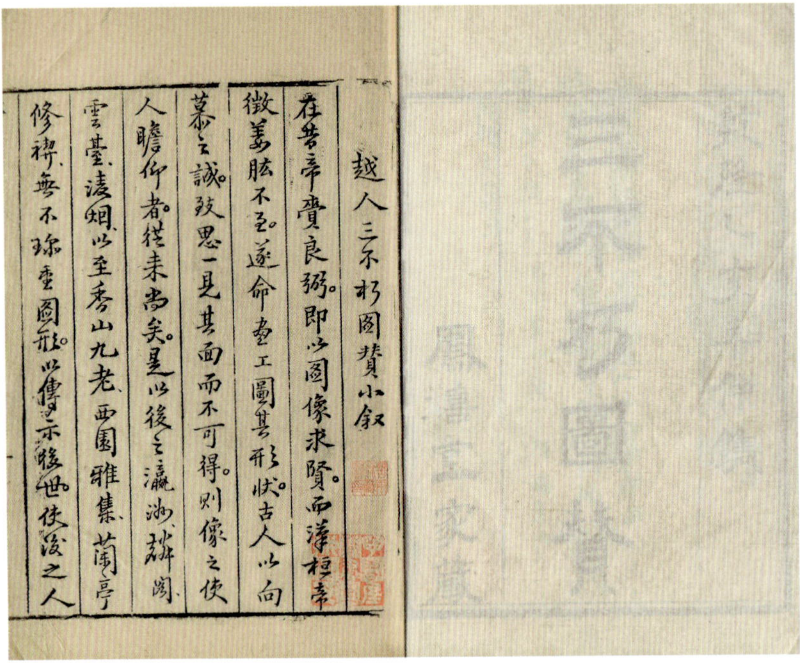

越人三不朽圖贊小叙
在昔帝賚良弼。即以圖像求賢。而漢桓帝
徵姜肱不至。遂命畫工圖其形狀。古人以向
慕之誠。致思一見其面而不可得。則像之使
人瞻仰者。從來尚矣。是以後之瀛洲、麒麟閣、
雲臺、淩烟、以至香山九老、西園雅集、蘭亭
修禊、無不珍重圖形。以傳示後世。使後之人

國家圖書館藏余烜重修本（丙本）書影

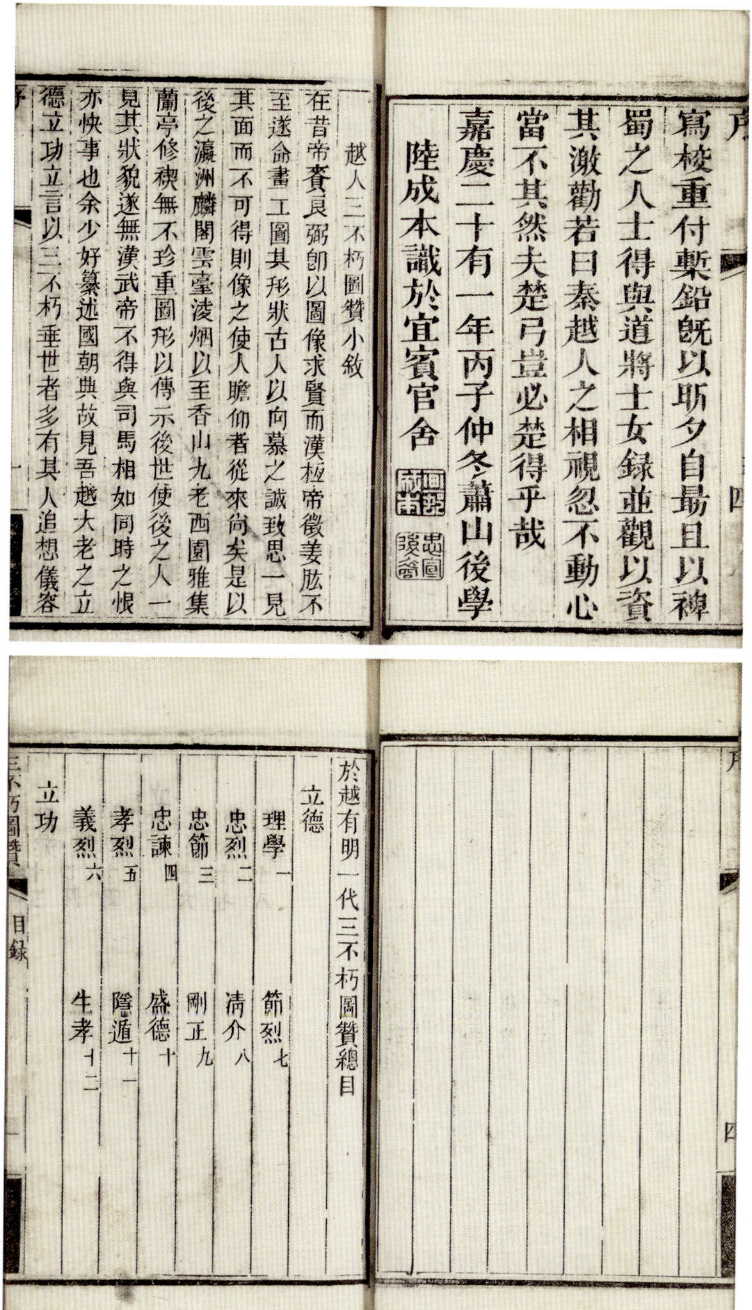
寫梓重付槧鉛既以昕夕自勗且以裨
蜀之人士得與道將士女録並觀以資
其激勸若曰秦越人之相視忽不動心
當不其然夫楚弓豈必楚得乎哉
嘉慶二十有一年丙子仲冬蕭山後學
陸成本識於宜賓官舍

越人三不朽圖贊小敘

在昔帝賚良弼即以圖像求賢而漢桓帝徵姜肱不至遂命畫工圖其形狀古人以向慕之誠致思一見其面而不可得則像之使人瞻仰者從來尚矣是以後之瀛洲麟閣雲臺凌烟以至香山九老西園雅集蘭亭修禊無不珍重圖形以傳示後世使後之人一見其狀貌遂無漢武帝不得與司馬相如同時之恨亦快事也余少好纂述國朝典故見吾越大老之立德立功立言以三不朽垂世者多有其人追想儀容

於越有明一代三不朽圖贊總目

立德

理學一　節烈七
忠烈二　清介八
忠節三　剛正九
忠諫四　盛德十
孝烈五　隱遁十一
義烈六　生孝十二

立功

天一閣博物館藏陸成本刻本書影

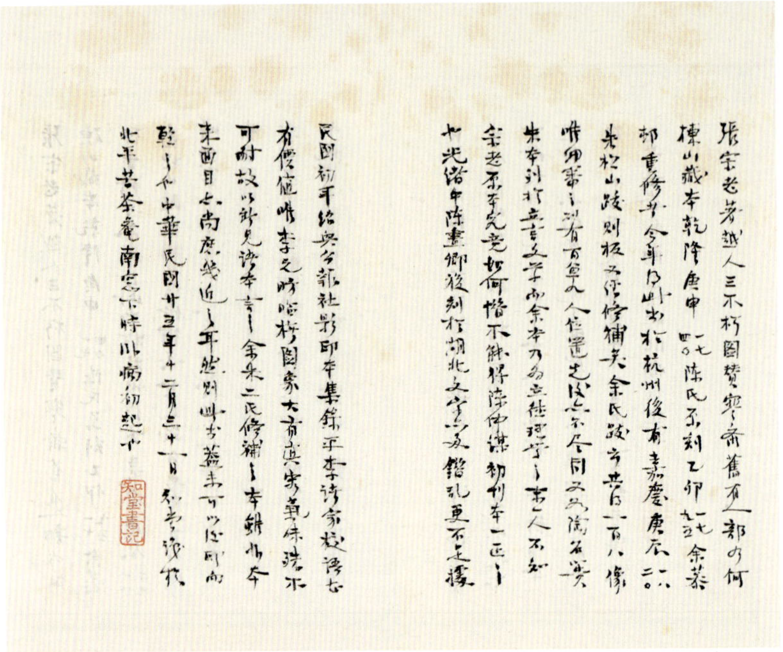

張宗老著越人三不朽圖贊寒齋舊有之郡中何
楝山藏本乾隆庚申（一七四〇）陳氏原刻乙卯（一七九五）余蔡
二君重修者今年乃得此本於杭州後有嘉慶庚辰（一八二〇）
朱校山跋則板又經修補矣余氏跋言共目一百八像
惟細審之則有百單八人位置先後亦不盡同又如陶石簣
朱本列於立言文學而余本乃為立德理學古人不知
宗老原本究竟如何惜不能得陳仲謀初刊本一正之
也光緒中陳畫卿後刻於湖北文字亦多錯亂更不足據
民國初年紹興公報社影印本集錄于李詩家校語亦
有價值唯李之時所作圖象大有演義氣味殊不
可耐故以所見諸本言之余朱二氏修補之本雖非本
來面目亦尚庶幾近之耳然則此書蓋未可以陋刻而
輕之也中華民國廿五年十二月三十一日知堂識於
北平苦茶庵南窗下時以病初起也

知堂書記

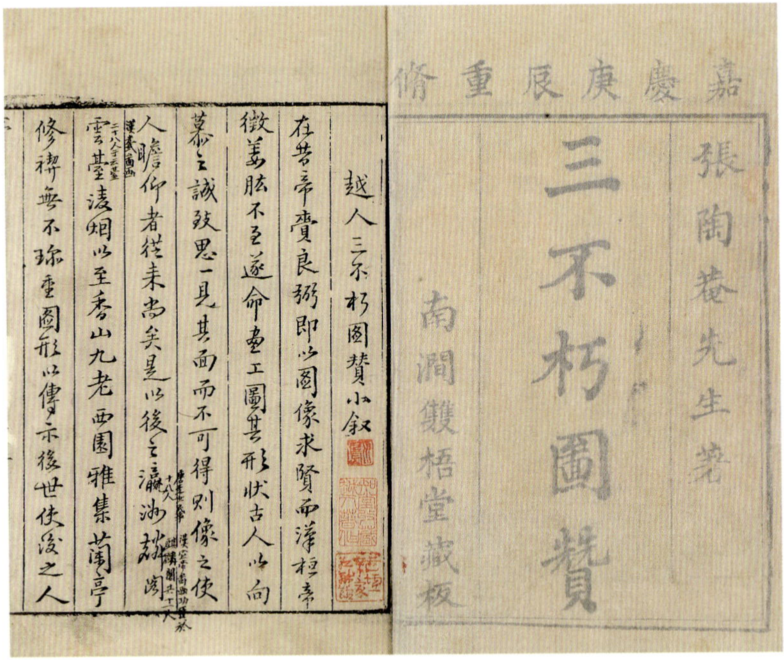

嘉慶庚辰重脩

張陶菴先生著

三不朽圖贊

南潤雙梧堂藏板

越人三不朽圖贊小敘

在昔帝賚良弼即以圖像求賢而漢桓帝
徽美肱不至遂命畫工圖其形狀古人以向
慕之誠致思一見其面而不可得則像之使
人瞻仰者從來尚矣是以後之瀛洲麟閣
雲臺凌烟以至香山九老西園雅集蘭亭
修禊無不珍重圖繪以傳示後世使後之人

周作人跋朱文然重修本書影

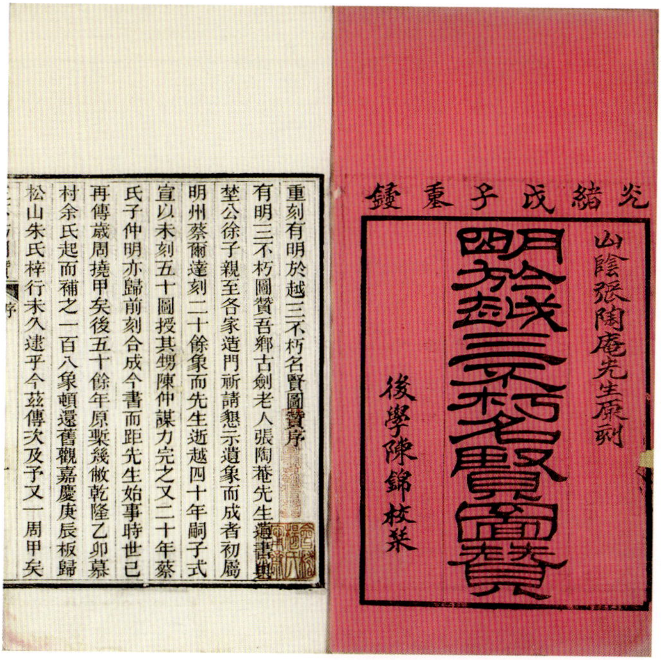

光緒戊子重鐫

山陰張陶庵先生原刻

明於越三不朽名賢圖贊

後學陳錦校栞

重刻有明於越三不朽名賢圖贊序

有明三不朽圖贊吾鄉古劍老人張陶菴先生遺書

埜公徐子親至各家造門祈請懇示遺象而成者初屬

明州蔡爾達刻二十餘象而先生逝越四十年嗣子式

宣以未刻五十圖授其甥陳仲謀力完之又二十年蔡

氏子仲明亦歸前刻合成今書而距先生始事時世已

再傳歲周撓甲矣後五十餘年原槧殘缺乾隆乙卯慕

村余氏起而補之一百八象頓還舊觀嘉慶庚辰板歸

松山朱氏梓行未久逮乎今茲傳次及予又一周甲矣

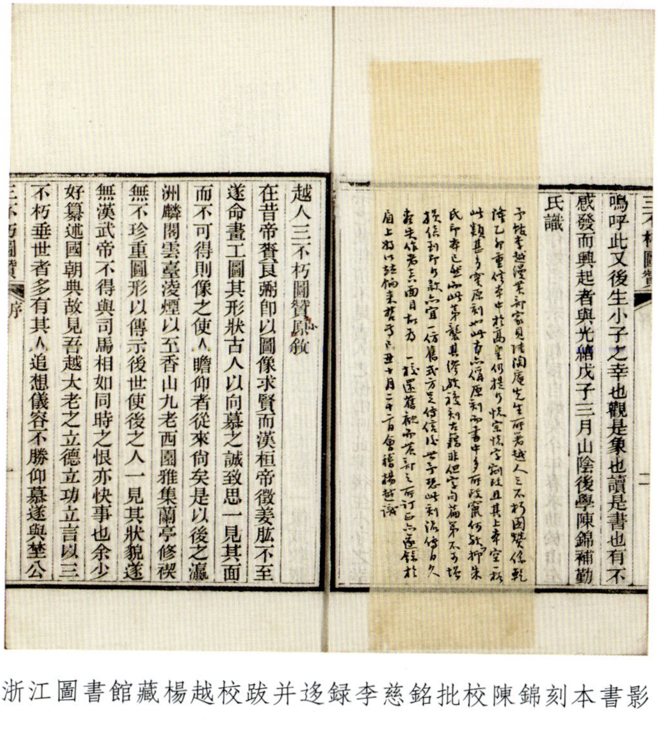

越人三不朽圖贊原敘

在昔帝賚良弼即以圖像求賢而漢桓帝徵姜肱不至

遂命畫工圖其形狀古人以向慕之誠致思一見其面

而不可得則像之使人瞻仰者從來尚矣是以後之瀛

洲麟閣雲臺凌煙以至香山九老西園雅集蘭亭修禊

無不珍重圖形以傳示後世使後之人一見其狀貌遂

無漢武帝不得與司馬相如同時之恨亦快事也余少

好纂述國朝典故見吾越大老之立德立功立言以三

不朽垂世者多有其人追想儀容不勝仰慕遂與埜公

嗚呼此又後生小子之幸也觀是象也讀是書也有不

感發而興起者與光緒戊子三月山陰後學陳錦補勤

氏識

浙江圖書館藏楊越校跋并迻録李慈銘批校陳錦刻本書影

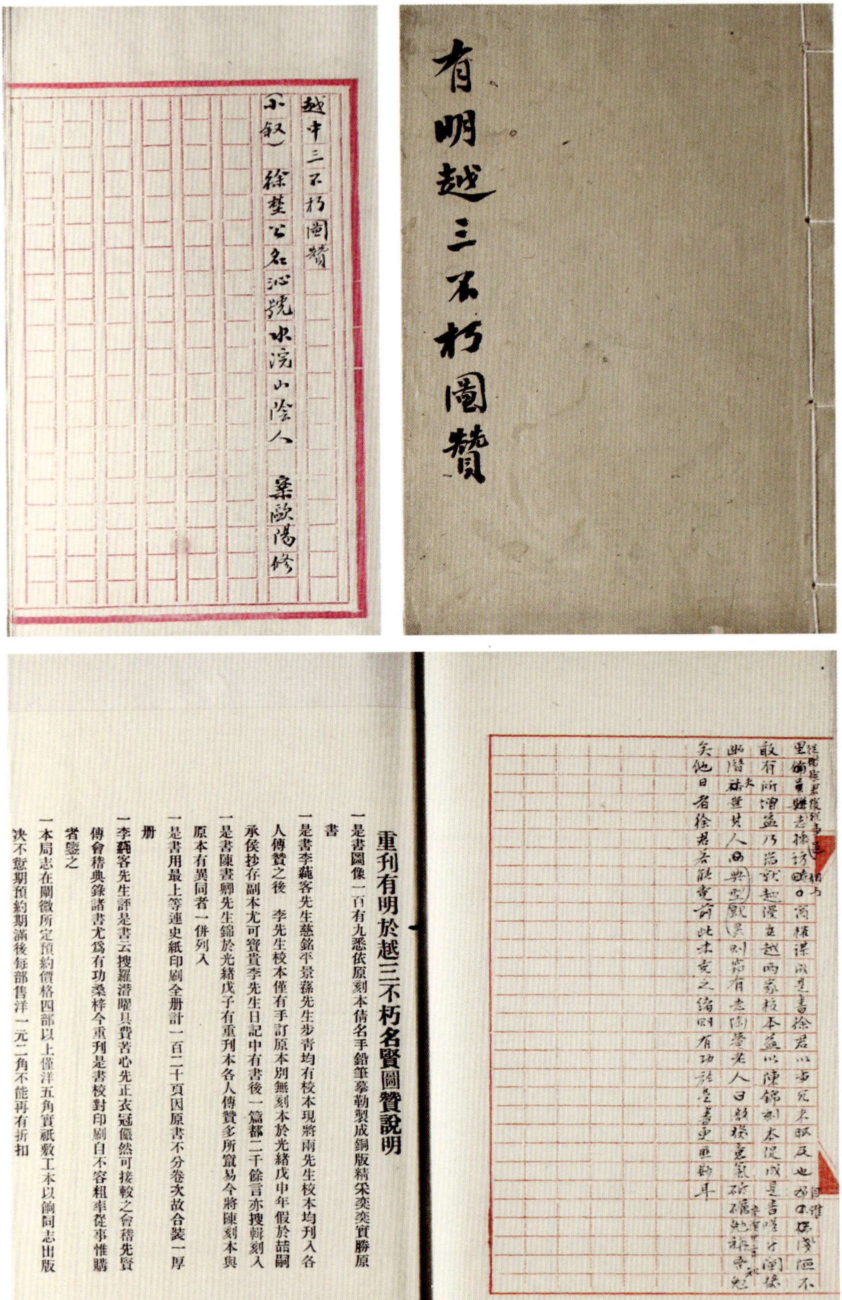


紹興圖書館藏李慈銘批校迻録本書影

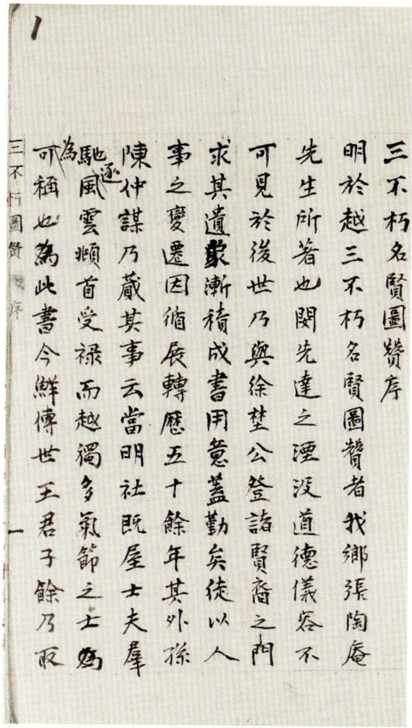

三不朽名賢圖贊序

明於越三不朽名賢圖贊者我鄉張陶庵先生所著也閔先達之湮沒道德儀容不可見於後世乃與徐埜公登諸賢裔之門求其遺象漸積成書用意蓋勤矣徒以人事之變遷因循展轉歷五十餘年其外孫陳仲謀乃藏其事云當明社既屋士夫羣爲馳逐風雲顛首受祿而越獨多氣節之士爲可稱也爲此書今鮮傳世王君子餘乃取

三不朽圖贊　序　一

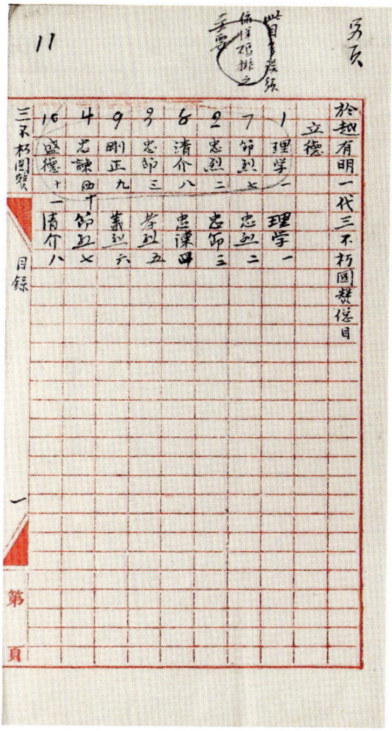

11　另頁

於越有明一代三不朽圖贊總目

立德

| | | |
|---|---|---|
| 1 | 理学 一 | 理学 一 |
| 7 | 節烈 七 | 忠烈 二 |
| 2 | 忠烈 二 | 忠節 三 |
| 8 | 清介 八 | 忠諫 四 |
| 3 | 忠節 三 | 孝烈 五 |
| 9 | 剛正 九 | 義烈 六 |
| 4 | 忠諫 四 十 | 節烈 七 |
| 16 | 盛德 十 一 | 清介 八 |

三不朽圖贊　目錄　一　第　頁

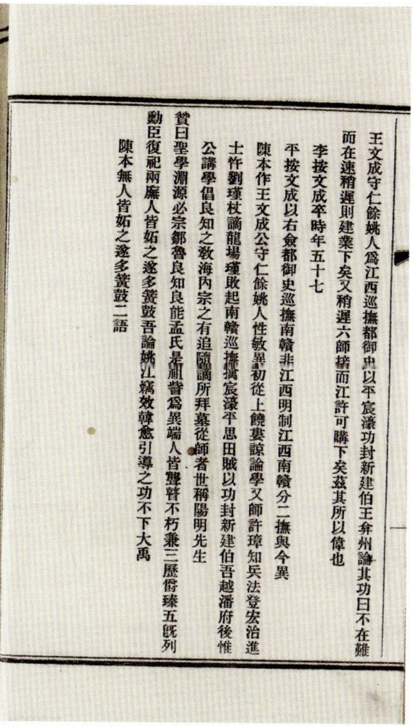

王文成守仁餘姚人爲江西巡撫都御史以平宸濠功封新建伯王弇州論其功曰不在難而在速稍遲則建業下矣又稍遲六師掎而江許可購下矣茲其所以偉也

李按文成卒時年五十七

平按文成以右僉都御史巡撫南贛非江西明制江西南贛分二撫與今異

陳本作王文成公守仁餘姚人性敏異初從上饒婁諒論學又師許璋知兵法登宏治進士忤劉瑾杖謫龍場瑾敗起南贛巡撫擒宸濠平思田賊以功封新建伯吾越潘府後惟公講學倡良知之敎海內宗之有追隨議所拜墓從師者世稱陽明先生

贊曰聖學淵源必宗鄒魯良知良能孟氏是祖嘗爲異端人皆聾瞽不朽兼三歷僭臻五既列勳臣復祀兩廡人皆妬之遂多蜚鼓吾論姚江竊效韓愈引導之功不下大禹

陳本無人皆妬之遂多蜚鼓二語

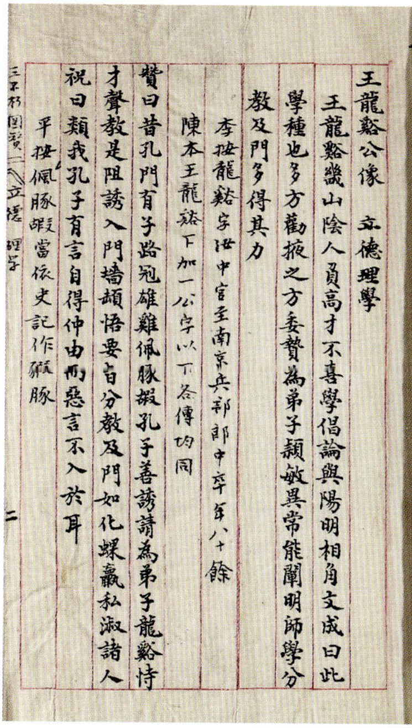

王龍谿公像　立德理學

王龍谿畿山陰人負高才不喜學倡論與陽明相角文成曰此學種也多方勸掖之方委贄爲弟子穎敏異常能闡明師學分教及門多得其力

李按龍谿字汝中官至南京兵部郎中卒年八十餘

陳本王龍谿下加一公字以下各傳均同

贊曰昔孔門有子路冠雄雞佩豭豚孔子善誘請爲弟子龍谿恃才聲教是阻誘入門墻頓悟要旨分教及門如化蜾蠃私淑諸人祝曰類我孔子有言自得仲由而惡言不入於耳

平按佩豭當依史記作豭豚

三不朽圖贊　二　立德　理學　二

紹興圖書館藏王世裕編稿本書影

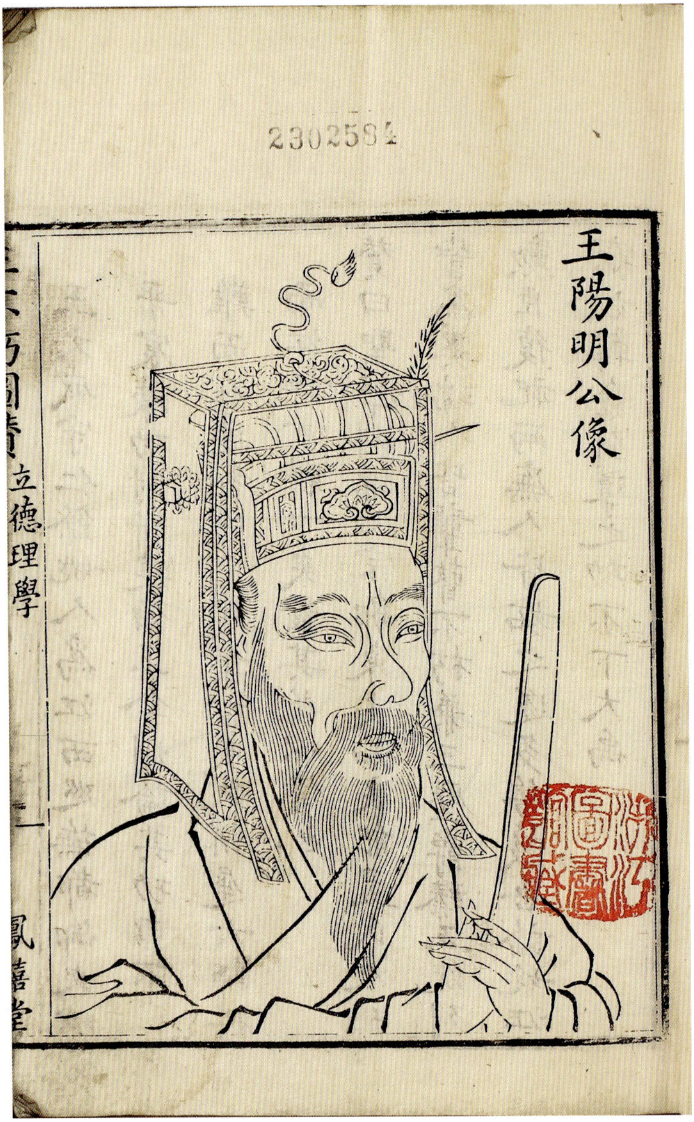


浙江圖書館藏趙恩棫舊藏陳治德刻本之王陽明公像

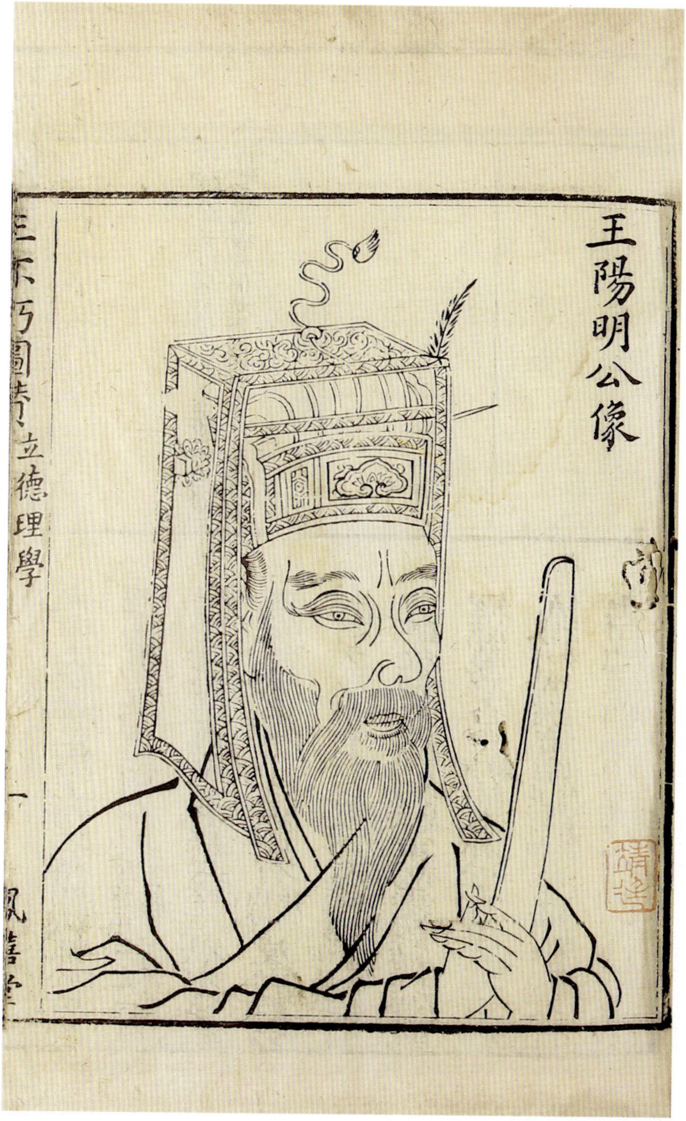


温州圖書館藏余烜刻本之王陽明公像

天一閣博物館藏陸成本刻本之王陽明公像

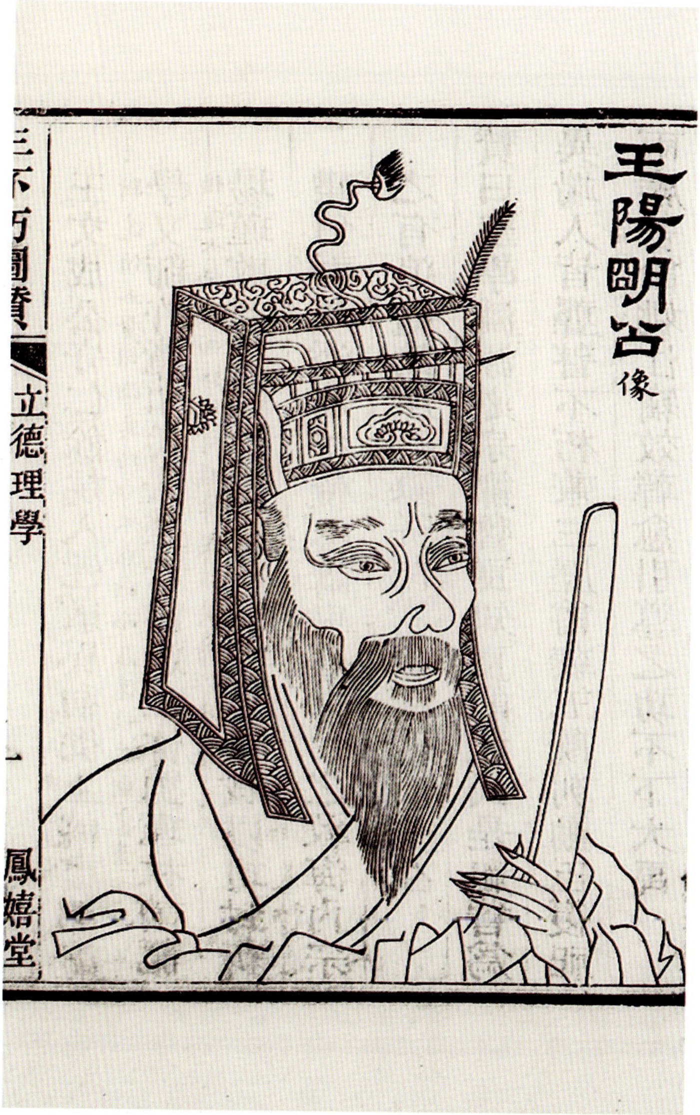


浙江圖書館藏陳錦刻本之王陽明公像

浙江圖書館藏民國七年鉛印本之王陽明公像

# 整理弁言

## 一

《三不朽圖贊》，或稱《越人三不朽圖贊》（張岱自序）、《有明越人三不朽圖贊》（許景仁序）、《於越有明一代三不朽圖贊》（余烜刻本目録）、《明於越三不朽名賢圖贊》（陳錦刻本牌記）等。以内容觀之，當以後面幾種書名更爲確切。爲簡潔計，本書題名仍省作《三不朽圖贊》。

《三不朽圖贊》是張岱暮年所著，自序末題『庚申八月哉生明，後學張岱敬撰』，庚申爲康熙十九年（一六八〇），而張岱生於萬曆二十五年（一五九七），則作序時張岱年已八十四。其自序敘其作書緣起：『余少好纂述國朝典故，見吾越大老之立德、立功、立言以三不朽垂世者，多有其人。追想儀容，不勝仰慕，遂與楚公徐子沿門祈請，懇其遺像，彙成一集，以壽棗梨，供之則堂。』楚公徐子即徐沁（一六二六—一六八三），楚公爲其字，號野畦、冰浣、若耶野老等，本餘姚人，居會稽，曾拒清廷博學鴻詞之徵，爲張岱至交，著有《明畫録》、《謝皋羽年譜》、《水箋》、《金華遊録注》、《西山遊録》、《和補陶詩》、《春草》、《載花舲》、《草香吟》等。張岱身爲明朝遺民，編纂此書，尤其注重表彰忠烈之士女，大有寄託故國之思、亡國之痛的意味。

此書收録明代紹興府八縣（會稽、山陰、蕭山、諸暨、餘姚、上虞、嵊縣、新昌）一百餘人，因紹興府爲南宋時越州所改，亦爲古越國之地，故稱『越人』。每篇圖贊可分畫像、傳記、贊語三部分。畫像大部分是張岱親自訪求而得，雖然某些未必靠得住，難免『以意爲之』，但古人畫像複製不易，本難流傳，而此書刊刻行世，保存畫像之功實不可没。傳記則撮述人物字號、籍貫及生平大概，甚爲簡略，由於多爲一時名望，其人傳記多可在國史、地方志尋覓到，因而傳記的價值反不如畫像高。贊語則以韻語敷衍人物事跡，雖偶有精彩之筆，比之《瑯嬛文集》、《陶庵夢憶》等，也非最上乘文字。

## 二

此書歷代刊刻過多次，版本較爲複雜。現以筆者所見，略述其源流。

（一）陳治德刻本。

張岱生前完稿後即刊刻此書，但未刻完即辭世。四十多年後，時值乾隆初年，張岱之子式宣（當爲字，名不詳，張岱諸子名皆『金』字旁）病中將未刊刻五十餘圖委託給陳治德，請其完成刊刻一事。當時尚有二十餘圖在刻工蔡爾達家，而其子遠出。數年後，其子蔡仲明歸，陳治德付清刻資，索還版片。之後陳治德又多方籌資，方補齊未刻版片，刊刻行世。此爲本書第一個版本。

陳治德原刻本傳世絶少，平步青、李慈銘、周作人皆未曾見過。筆者於浙江圖書館訪得兩部，文字、次序相同，當是同一版刷印者，唯一本略有缺損。該本牌記題『乾隆五年告成』、『南潤恒德堂藏版』。『南潤恒德堂』當爲陳氏藏版地。卷首爲張岱《越人三不朽圖贊小敘》，後爲目録，卷末爲陳治德跋，題『時乾隆五年五月，會稽陳治德仲謀氏識』。此本圖贊共一百零七篇，缺余烈婦、胡幼恒、余屽脩三人，而節孝金龔氏一人爲此本獨有，其餘諸本皆無，不知何故删棄。此本立德理學第八人爲周海門（汝登），頁碼署爲『八』。後爲陶文簡（望齡），版心書名下刻『立言文學』，頁碼署爲『九』。查後面文學僅六人，如若爲裝訂錯誤，頁碼當作『七』。觀張岱所述傳記及贊語内容，陶望齡列入『理學』似更妥當。此處可能是刻板錯誤，抑或是本列文學，後來調整，忘記剜改版心『立言文學』字樣。陳治德本文字亦有不少與其後諸本相異而頗形重要者。如劉宗周贊語『弘光繼統』，其餘諸本皆作『福王援立』。『弘光繼統』當是張岱原本如此，從此可看出張岱對南明政權的態度。清廷最初是不承認南明合法性的，後面的刻本爲了免禍，只得修改。其他如『思宗』改作『懷宗』，『清貝勒』改作『貝勒』，也是出於同樣的考量。

（二）余烜重修本。

此本流傳較少，以筆者所見，國家圖書館有三部，浙江圖書館藏有殘本一册，温州圖書館、紹興圖書館也各藏有一部。

國家圖書館所藏余烜本三部，各有不同，爲便於説明，分甲、乙、丙論之。

甲本共收録一百零九篇圖贊，余烈婦、胡幼恒、余岍脩三人皆有。牌記同於陳治德刻本。卷首先爲許景仁《有明越人三不朽圖贊序》，後爲張岱《越人三不朽圖贊小敘》。許景仁序題『乾隆乙亥古重九日』，考乾隆乙亥爲乾隆二十年，下距乾隆旃蒙嬋嫣之歲（乙卯，六十年）尚有四十年，則其序當非爲余烜重修本作。陳、余兩次刊刻之間當還有一次修版或重印。據朱文然嘉慶重修本跋稱『其板向存朱氏，後歸余氏』，許序或爲板在朱氏處重印而作。不過該本尚未發現有傳本存世。

卷末共刻有三跋，分别題『乾隆五年重午後二日，冰懷陳治德識』，『陳仲謀謹序』，『時乾隆旃蒙嬋嫣之歲仲秋朔日，易堂山人慕邨余烜敬書於南澗菜根堂之東篛閣齋』。

陳氏二跋與陳治德刻本所見跋文頗有不同，但所敘事項大體類似，三者當是同一人，大概治德爲其名，仲謀爲其字，冰懷爲其號。之所以有三個版本的跋語，當是陳治德刷印過不止一次，跋也修改過多次。至於陳治德和張岱關係，陳治德刻本跋稱張岱爲『大外祖』，『冰懷陳治德』跋謂張岱爲其『外大父伯兄』，兩者一致，陳當爲張岱弟之外孫，一般書上稱爲張岱外孫是不確的。余烜跋稱『其戚屬陳仲謀氏』，並不徑直稱爲『外孫』，也可旁證張岱並非陳治德親外祖。『陳仲謀謹序』跋則稱張岱爲『外祖』，不過細審字跡，兩處『外祖』前有剜改痕跡，剜改原因不得而知。此跋保留在以後版本中，遂導致以陳仲謀爲張岱外孫的訛誤。

余烜跋敘此次重新補刻重修始末甚詳，謂『先鋟板片委積梓所，已就朽蠹』，『板且屢易，其所藏者未識珍惜，蟫蝕鼠殘，黴朽漫漶更加於昔，形模字畫不可省識者已十居三四』，『遂選善工急加修治，並出舊藏原本詳加核訂，缺者補之，漶者新之，用工匝月，始還舊觀，共得一百八像，爲櫝而敬藏於佑啟樓中』。然此本實有一百零九幅像，與跋所稱不合。

此本有『會稽周氏鳳皇專齊臧』、『鳳皇專齋』、『苦雨齋藏書印』、『楝山讀過』、『稽山老兵』諸印，前三印皆爲周作人印，『楝山讀過』爲平步青印，末一印主人俟考。周作人《三不朽圖贊》一文（《古今》第三十一期，又見《書房一角》）所稱『寒齋所得最早者爲乾隆乙卯慕邨余氏印本，末有白文印曰「楝山讀過」，蓋是平景孫舊物』，即此本。

乙本即李慈銘批校本，而所批底本爲余烜重修本。此本牌記題『乾隆乙卯重脩』，『南澗佑啟樓藏板』。乾隆乙卯爲乾隆六十年，即余烜跋中『乾隆旃蒙嬋嫣之歲』。該本有『山陰沈氏鑒臧』、『慈銘私印』，天頭有李慈銘小字批注，多考證、補充張岱所撰諸人傳記訛誤、疏略之處。此本共收有一百零八幅像，比之甲本少胡幼恒一像。李慈銘於金伯星公圖贊批云：『盛德共十一人，此下尚有山陰胡幼恒圖贊一葉，今缺。』乙本次序和甲本也稍有不同，如陶望齡甲本爲理學最末一人，乙本則列於文學。卷尾則有李慈銘手書長跋。此本和甲本孰先孰後，一時尚難於斷定。

丙本牌記題『乾隆乙亥年仲鐫』、『鳳嬉堂家藏』，前有手書奉化孫鏘題跋并題詩，卷末有余烜跋而無陳治德跋。此本有『苦雨齋藏書印』，爲周作人舊物。此本共一百零六幅像，有胡幼恒像。孫鏘跋云『尚缺四像，曰吴歲青公，曰王義士，曰倪義士，曰潘義士』，即較之甲本而缺者。其中徐龍川有二像，第一幅像下注『族裔孫迪惠仿遺像重摹』。周作人在《三不朽圖贊》中稱：

此外有一本似是後印，而内容次第與目録稍不同。立德忠諫之五徐龍川公像前别有一幅，後署『族裔孫迪惠仿遺像重摹』。案徐迪惠字鹿苑，上虞人，嘉慶戊午舉人，故此本應是庚辰板歸朱氏後所印，唯末無朱松山跋，不知何也。朱端侯校勘語于徐龍川像上批云：『此像不準。予有徐氏藏本，戴五嶽冠，執笏，項有鎖，下注「族裔孫迪惠仿遺像重摹」，此乃真像。若是，則古劍老人所稱沿門求像，其真確乎否，抑未能遍也。』

徐龍川二像的版本，筆者於紹興圖書館也發現一本，不過所缺圖達十餘幅，上述吴歲青公等四人皆在其中，而余烈婦、胡幼恒、余岍脩三人圖像皆有，與此本當有淵源。考徐迪惠生於乾隆四十一年（徐迪惠《象洞山房詩稿》《七十自壽》第六首小注『余生於丙申八月十四日』，宣統元年留餘堂刻本），卒於道光二十五年（《象洞山房詩稿》卷首馬賡良《墓表》『道光乙巳年十二月二十九日卒，年七十』）。余烜重修書版時，徐年不足二十歲，若此時添加徐龍川一像，當不會多有缺版。周作人所云『庚辰板歸朱氏後所印』，指嘉慶二十五年（庚辰）朱文然重修本。

徐龍川二像的版本大概是版片缺失後所印，且中間頗有間隔。至於此本是否爲『板歸朱氏後』所印，尚難以斷定。

至於丙本牌記題『乾隆乙亥年仲鐫』、『鳳嬉堂家藏』，恐是依據序跋補刻，並非此爲陳治德原刻本。

（三）陸成本重刻本。

陸成本，字畫村，蕭山人。此本乃其嘉慶二十一年（一八一六）宦游四川宜賓時所刻，僅發現天一閣博物館有藏。天一閣藏本缺最後博學、畫藝兩類目共八人，亦無胡幼恒像，僅有一百幅像，陶望齡像亦列於文學。然據陸成本書前《重刻有明三不朽圖贊序》『凡一百八人，其中女婦六、童子一、傭人二』，並羅列各類目，則天一閣藏本或是流傳中有所缺失，並非陸成本没有刻全。陸序言『從家鄉索寄得之』，根據版本特徵，陸所依據底本當和李慈銘批校本的底本相同，即余烜重修本。唯重新刊刻，圖像有所失真。

（四）朱文然重修本。

此本成於嘉慶庚辰，據朱文然跋，朱于嘉慶戊寅（二十三年）購得此書版片，但是已經『多歷年所，梨棗漫漶』，於是朱氏『殘者葺，闕者補，得成完璧，印刷以酬素願』。朱本亦流傳甚罕。周作人曾藏有一本，作長跋於卷首，並略作修改，以《三不朽圖贊題記》之名刊於一九三八年六月二十四日《北平晨报》，署名藥堂。後周將此書贈與章廷謙。章廷謙（一九〇一—一九八一),字矛塵,筆名川島,上虞道墟鎮人,入讀北京大學哲學系,後留校任教。與周氏兄弟往來甚密,曾參與編輯《語絲》。此本牌記題『南澗雙梧堂藏板』、『嘉慶庚辰重脩』,有『知堂書記』、『紅絨館章』、『道墟章家紅絨館』、『知堂收藏越人著作』、『川島』、『章印廷謙』等印。此本於二〇一二出現於嘉德拍賣會上。另有一本現藏於北京大學圖書館。書前牌記脱去,卷首有張岱、許景仁二序,卷末有陳治德、余烜、朱文然三跋。像共一百零九幅,陶望齡像亦置於文學。卷首有『龍印麟瑞』、『省心閣珍藏』。

(五)陳錦刻本。

陳錦(一八二二—?),字晝卿,號補勤,山陰人。道光二十九年(一八四九)舉人,歷官江蘇知縣,署山東鹽運使候補道。著作頗富,合刊爲《橘蔭軒全集》。先是,陳錦曾得朱文然本,於光緒九年(一八八三)將其刻入《越中觀感録》,但僅録姓名,摘敘事跡,圖及贊則未收録。後陳氏意有未足,於光緒戊子(十四年)在湖北重刊此書,卷末傅鼎乾跋即爲此次刊刻而作。此次重刊,陳氏不但於人物次序多有調整,對文字也大肆删改,因而陳錦刻本只得算一改編本。刻書而書亡,後人於陳錦多致不滿。然而此本距離現代較近,且在太平天國動亂之後,流傳甚廣,是諸種刻本中最爲易見的版本。浙江圖書館善本部藏有楊越批校本,不但依據余烜本將正文文字恢復舊觀,以小字標於刻本文字旁側,又將李慈銘批校過録於天頭,是陳錦刻本系統中較爲珍稀的版本。

（六）民國鉛印本。

民國鉛印本爲王世裕主持出版。王世裕（一八七四—一九四四），字子餘，曾加入同盟會、光復會。主持《紹興公報》時謀重刊此書，從李慈銘後人處借得李慈銘手校本，又取平步青《羣書斠識》中此書校記，請徐以遜（字仲咫）參考他書先撰《考異》，載於《紹興公報》。後《公報》停刊，徐所作考證未能完成。後王將李、平校勘考證及陳錦刻本異文彙於一書，圖像則請李元昉以鉛繪摹勒，製成銅版，以鉛印本出版。今紹興圖書館有兩種文獻與此排印本密切相關。一種封面題『有明越三不朽圖贊』，内文爲紅格稿紙，迻録李慈銘校語。書中抄有許景仁序，末附徐以遜題識『宣統二年三月，王君子餘假得李越縵先生慈銘校本，爲倩友迻録于此。李氏本即乾隆乙卯重修南澗佑啟樓本也。十二月二十九日，以遜識於杭州寓廬』。又有王世裕手寫序語，所用稿紙與迻録李校者不同，鉛印本未用此序，不知何故。又有鉛印《重刊有明於越三不朽名賢圖贊説明》一頁，共六條，於鉛印本體例多有説明，亦不見於鉛印本。另一種當即鉛印本之稿本，多爲手寫，亦夾雜有鉛印之頁，可見編訂此本過程。鉛印本民國七年初印，第二年重印，十二年三印，又補入李慈銘長跋及朱端侯校語，並改正誤字若干，是諸本中最爲易見的版本。

至於其他並不重要的版本，如紹興圖書館藏民國十四年董立堃、董立圭抄本，係據陳錦本抄録，且僅有圖像，就不再覼縷了。

三

此次整理《三不朽圖贊》，以浙江圖書館藏陳治德刻本爲底本，文字、次序悉依據該本，陶望齡列於理學之末，圖像亦據之複製。該書僅有一百零七人，所缺余烈婦、胡幼恒、余岍脩三人圖贊及徐迪惠摹徐龍川像，則據紹興圖書館藏本補足，並插入相應章節。如此則新整理本共一百一十人，一百一十一幅像。李慈銘、平步青二家校語於此書多有參考價值，亦據民國鉛印本補入。惟鉛印本正文係依據余烜本，與陳治德本文字略有異同，則加按語説明。爲别於李、平二家，以『今按』識之。各本序跋題記等，除張岱自序置於篇首外，餘依時序彙集一處，編爲附録，以備參考。若一篇重見各本，則依據最早版本過録文字。

此書整理過程中，多得紹興圖書館唐微、天一閣李開升、北京大學桂梟、中國農業科學院項偉波、國家圖書館出版社南江濤諸人之助，感銘無已，特申謝忱。至於疏誤之處，雖謹慎萬分，恐仍難以避免，幸方家有以教我，以俟再版訂正。

丙申芒種日，公户夏識於武林。

# 越人三不朽圖贊小敘

在昔帝賚良弼，即以圖像求賢，而漢桓帝徵姜肱不至，遂命畫工圖其形狀。古人以向慕之誠，致思一見其面而不可得，則像之使人瞻仰者從來尚矣。是以後之瀛洲、麟閣、雲臺、淩烟，平按：『瀛洲』應在『臺』下。以至香山九老、西園雅集、蘭亭修禊，平按：『蘭亭修禊』應在『香』上。無不珍重圖形，以傳示後世，使後之人一見其狀貌，遂無漢武帝不得與司馬相如同時之恨，亦快事也。

余少好纂述國朝典故，見吾越大老之立德、立功、立言以三不朽垂世者多有其人，追想儀容，不勝仰慕，遂與埜公徐子李按：徐埜公名沁，號水浣，山陰人。平按：李亨特《紹興府志》：沁，會稽人，一號委羽山人，更名若邪一作邪谿野老，又號鏡曲花農，著有《越書小纂》、《水箋》三卷、續四卷、《謝皋羽年譜》一卷、《謝皋羽游録注》、《明畫録》八卷、《墨苑志》、《三晉紀行》、《楚游録》、《香草吟》、《載花舲》。沿門祈請，懇其遺像，彙成一集，以壽棗梨，供之則堂，朝夕禮拜，開卷晤對。見道學諸公，則自知有媿衾影；見忠節諸公，則自慚有虧忠孝；見清介諸公，則自恨糾纏名利；見文學諸公，則自悔枉讀詩書；見功業諸公，則自惜空蝗粱黍；見厚德諸公，則自警未化貪嗔。如岱輩老憊，則惟恨少壯不努力，老大徒傷悲。若少年英俊見此圖者，當如文天祥之爲童子時，見學宮所祀鄉先生歐陽脩、楊邦、李按：『邦』下脱『乂』字。胡銓諸像皆謚忠節，李按：歐陽脩謚文忠，楊邦乂謚忠襄，胡銓謚忠簡，俱不謚忠節。欣然慕之曰：『没不俎豆其間，非夫也。』李按：此是吉安人鍾同事，見《明史》本傳。同謚恭愍，吉安永豐人。平按：《南雷文約・蒼水張公墓誌銘》曰：『廬陵之祠，四忠一節。文山自許，俎豆其列。』則亦以爲文山語。後生可畏，倘能激發義氣，砥礪勉旃，則吾彙刻此圖不爲無益矣。但願看官加意著眼。

庚申八月哉生明，後學張岱敬撰。

陳刻本『見道學諸公』以下作『見理學諸公，則惟恐自愧衾影；見忠孝諸公，則惟恐有忝倫常；見勳業諸公，則惟恐毫無建樹；見文藝諸公，則惟恐莫名寸長。以此愧厲久之，震懾精神，嚴憚丰采，寤寐之地，如或遇之，其奮發興起，必有不知手之舞之、足之蹈之者矣。予不幸遭時變，稟承家訓，恪守師資，一時景仰前賢，諗知不朽者其名，而不可得而共覩者其像，乃與同志爲登門求像之舉。諸賢裔鑒其誠而慨然許之，或千里而惠寄一像，或數載而未獲一圖，積月纍時，遂完斯帙。夫豈直一手足之烈哉！至若是書是像之垂示無窮而終於不朽，則所望於後之讀是書者。歲在上章涒灘仲秋，古劍老人識』。

# 目録

## 立德

### 理學



### 忠烈



### 忠節

附録

平按：據陽堂山人余烜慕邨跋，古劍蜨叟是書共百八像。李按：盛德共十一人，此下尚有山陰胡幼恒圖贊一葉，今缺。是越縵所見舊本凡百九人，與余跋不同。余跋云：其稿甫就，汗青未半，先生遽爾化去。戚屬陳仲謀代爲蕆工，距經始已周甲，先鋟板已朽蠹。而庚申至今，甲又將周，跋書『乾隆旃蒙蟬嫣仲秋朔』。板且屢易。今夏歸余，選工修治，出舊藏本詳加校訂，缺者補之，藏佑啓樓中。卷首署『南澗佑啓樓藏本』。是余修此書亦止一百八人，與原本同，上距康熙庚申百十六年無第二本，不知李所見何本也。

王陽明公像

立德　理學

王文成守仁，餘姚人。爲江西巡撫都御史，以平宸濠功封新建伯。王弇州論其功曰：『不在難而在速，稍遲則建業下矣。又稍遲，六師接而江、許可購下矣。兹其所以偉也。』

李按：文成卒時年五十七。

平按：文成以右僉都御史巡撫南贛，非江西。明制，江西、南贛分二撫，與今異。

陳本作『王文成公守仁，餘姚人。性敏異，初從上饒婁諒論學，又師許璋，知兵法。登弘治進士。忤劉瑾，杖謫龍場。瑾敗，起南贛巡撫，擒宸濠，平思田賊，以功封新建伯。吾越潘府後惟公講學倡良知之教，海内宗之，有追隨謫所、拜墓從師者。世稱陽明先生』。

贊曰：聖學淵源，必宗鄒魯。良知良能，孟氏是祖。訾爲異端，人皆聾瞽。不朽兼三，歷爵臻五。既列勳臣，復祀兩廡。人皆妬之，遂多簧鼓。吾論姚江，竊效韓愈。引導之功，不下大禹。

陳本無『人皆妬之，遂多簧鼓』二語。

王龍谿公像

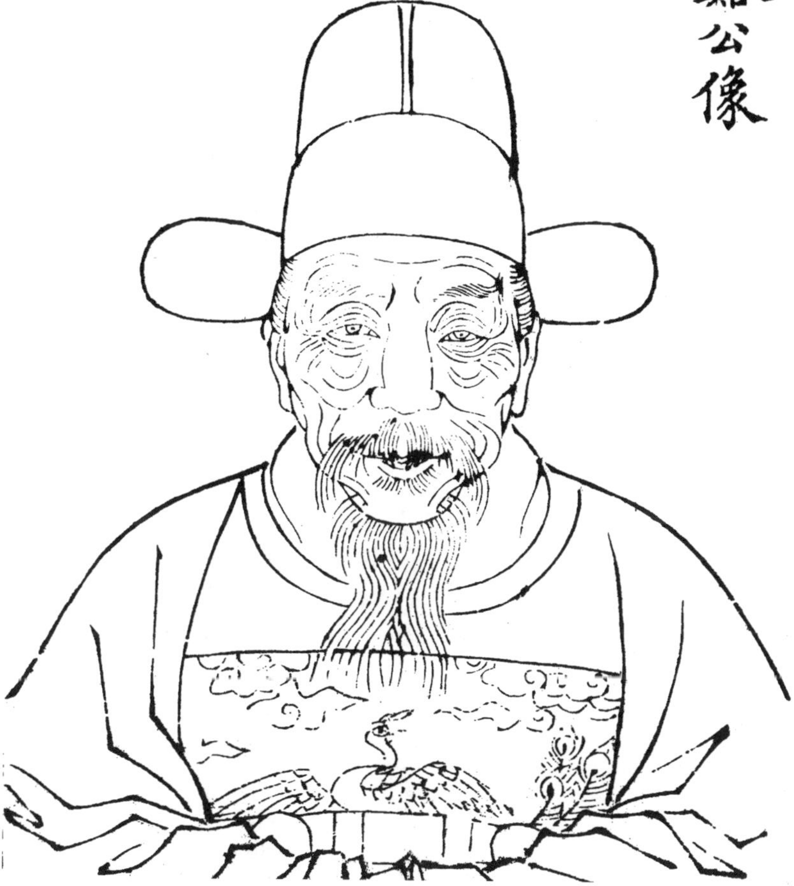

王龍谿畿，山陰人。負高才，不喜學，倡論與陽明相角。文成曰：『此學種也。』多方勸掖之，方委贄爲弟子。穎敏異常，能闡明師學，分教及門，多得其力。

李按：龍谿字汝中，官至南京兵部郎中，卒年八十餘。

陳本『王龍谿』下加一『公』字，以下各傳均同。

贊曰：昔孔門，有子路。冠雄雞，佩豚豭。孔子善誘，請爲弟子。龍谿恃才，聲教是阻。誘入門墻，頓悟要旨。分教及門，如化蜾蠃。私淑諸人，祝曰類我。孔子有言，自得仲由而惡言不入於耳。

平按：『佩豚豭』，當依《史記》作『豚豭』。

陳本作『贊曰：陽明高弟，首推王錢。聞道最蚤，信道尤堅。引導後進，有開必先。患難相從，心喪三年。有功絶學，緜此宗傳。雖曰錢爲正學，而王近入禪。要皆孔門之顔曾，與曰仁而三焉』。

劉念臺公像

劉忠端宗周，山陰人。風規峻潔，踐履端直，凜然如秋霜烈日之不可犯。召對直言，屢遭嫌棄。乙酉南都陷，公慟哭曰：『此予正命時也。』遂絕食七日，以飲水不死。後絕水不啜，又十三日而終。

李按：年六十有八。

平按：依下施忠介、周文節、黄忠端例，亦當書『劉忠端』。

陳本作『劉忠介公宗周，字念臺』，餘同。

贊曰：證人講學，及見先生。持身肅括，面冷如冰。賜環一出，客魏是膺。上嫌迂闊，誠意正心。弘光繼統，首劾士英。誅求四鎮，草莽孤臣。僉壬下石，殺之無名。首陽勁節，惟公一人。

平按：『福王』二字剜改，原本殆作『南都』。

今按：『弘光繼統』，其餘諸本皆作『福王援立』。

錢緒山公像

錢德洪寬，山陰人。陽明講學，寬與王畿首師之。及登第，兩不廷對，卒業師門。凡有及門者，陽明使寬與畿分教之，俟志定有入，方爲請見。

李按：官至刑部郎中。穆宗嗣位，進階朝列大夫，致仕。神宗立，復進一階。卒年七十九。又按：緒山本名寬，字德洪，後以字行，更字洪甫。《明史》及郡縣志各書皆作『錢德洪』，又皆稱餘姚人。

陳本作『錢緒山公寬，字德洪』，餘同。

贊曰：德洪龍谿，兩不廷試。卒業師門，引導諸弟。志定意堅，方與通贊。傳習録成，以之淑世。後忤郭勛，講學犴狴。佩服師言，終身不替。

李按：緒山以論郭勛死，觸世宗怒，下獄；又以違詔梏勛，再下獄。是其得罪，非由忤勛也。

徐日仁公像

徐曰仁愛，餘姚人。爲陽明妹壻，委贄爲弟子。一日，舟中問《大學》宗旨，躍然起謂：『先生之教，寔孔門嫡傳，舍是皆旁蹊曲徑也。』後陽明與及門談入精微，輒曰：『此意與曰仁舟中及之。』

李按：曰仁正德三年進士，官至南京工部郎中，卒年三十一。

今按：『旁蹊』，原作『旁溪』，據其餘諸本改。

贊曰：曰仁少年，陽明善誘。聞道最蚤，舟中私授。獨得真傳，深心研究。胡天不仁，奪我何驟？無恠昔日之游南嶽也，夜夢瞿曇囑曰：女與顏子同德，亦與顏子同壽。

季彭山公像

季彭山本，山陰人。爲長沙太守。讀書篤摯，凡禮樂、器數必攷核精詳，繪成圖象，故所著諸書汗牛充棟。徐文長自命淹博，見季先生而折角稽首，稱爲弟子。

李按：彭山先生卒年七十九。

贊曰：陽明致知，彭山格物。圖畫六經，鼓吹十翼。製尺量天，斲管叶律。攷不厭詳，搜不嫌僻。迨聞良知，畫然歸一。曾子曰唯，群疑盡釋。考亭倒言，乃救其失。先文恭讀朱子『格致』傳曰：『物之表裏精粗無不到，而後心之全體大用無不明。朱子毋乃倒言之乎？』

張文恭公像

張文恭元忭，山陰人。文恭生時，諸父夢文昌降於庭。其第也，龍山夜鳴如吼。戊子年水，大潦，山裂數處，郡守夢文昌墮地，而文恭卒。其生死寔關天地大數，郡人異之。後照羅洪先例，以五品官特謚文恭。

李按：文恭受業龍谿，爲陽明再傳弟子。《明史》與鄧以讚合傳。

姚江孫鑛贊曰：奏對天人，江都三策。生主斯文，死司奎壁。劉向列女，請爲内則。爲父陳情，緹縈涕泣。出位讜言，翰林蘇軾。忠孝狀元，一峰梓澤。同謚文恭，念菴比德。宜祀廟廷，以繩祖跡。文恭爲南軒公後裔。

平按：舒芬號梓谿，月峰誤作『梓澤』。

今按：『讜言』，原作『儻言』，據其餘諸本改。

周海門公像

周海門汝登，嵊縣人。歷官工部侍郎。釋褐之後，强半林居，日以講學爲事。四方請政，户履常滿，海門蔬食菜羹，接待不倦。有《王氏宗旨》、《海門雜言》行世。

李按：海門官至南京尚寶卿，此云工部侍郎，恐誤。

平按：俞卿《紹興府志》：歷太僕少卿，晋户部右侍郎，致仕歸。詔起工部尚書，未任，卒。李按本《明史·儒林傳》附見王畿後，目不出海門名。史家於附傳多略之，不詳著其官，似非誤也。

贊曰：講學剡谿，出言明曉。引掖後進，陳言一掃。訪戴多人，雪舟騷擾。蔬食菜羹，不敢不飽。議論新奇，不襲不勦。即入聖門，言語之科，如君亦少。

陶文簡公像

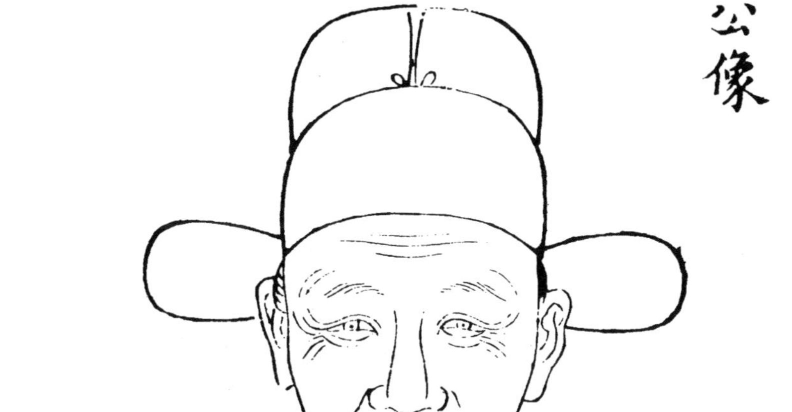

陶石簣望齡，會稽人。律身藻潔，恬靜無營，清如止水，淡若秋露。與弟石梁終日講學，寒暑不輟，參禪戒殺，大類禪門。母夢鶴唳而生，其聲之清皦孤孑酷肖其人。

陳本作『陶石簣公望齡，會稽人，承學之子。少有文名，舉萬曆己丑進士第三人。官侍講，以祭酒在籍。服膺陽明之教，所宗者周海門，與其弟石梁皆以講學名。念臺先生亟稱之。卒祀文簡，祀鄉賢』。

贊曰：帝釋宰官，佛門鐵漢。寡慾養心，古德作伴。冷淡孤清，冰山雪巘。富貴功名，石火巖電。嘗言勿以小小得意而遽動其念也，是猶海師錯認魚，皆以爲洲岸。

陳本作『贊曰：峻潔身名，冰山雪巘。恬澹聲華，石火巖電。謇諤朝班，妖書罷讞。泛涉禪機，還歸道岸。會當揚蕺山之前旌，而殿姚江之學案』。

孫忠烈公像

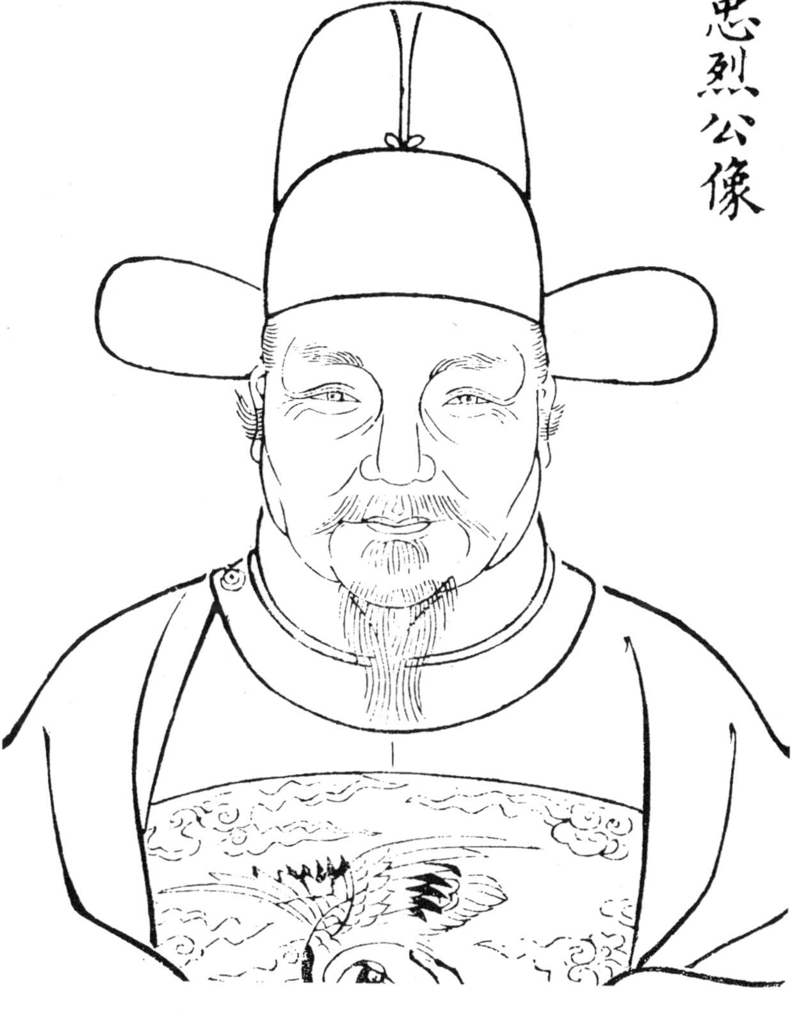

孫忠烈，餘姚人。巡撫江西。宸濠反，以壽日讌各官。次日進謝，濠對公大言曰：『太后召我監國，汝保駕否？』公曰：『天無二日，民無二王，又誰駕耶？』濠怒，槌折公臂，公罵賊死之。

陳本作『孫忠烈公燧，字德成』。

贊曰：民無二王，千古大義。罵賊折奸，撫臣烈氣。斧鑕隨之，肝腦塗地。蓋公當宸濠之變，胡發奸，王戡亂，而公獨死義。是以壬子浙闈有兩巨人左右立也，而言三人做得好事。

沈青霞公像

沈青霞鍊，會稽人。爲錦衣幕，以十罪參嚴嵩，廷杖謫田塞外。保安人義之，遣子從學。鍊刻嵩與林甫、檜三像而射之。事聞，嵩屬其黨路楷、楊順竄名白蓮教，以謀叛腰斬。

李按：字純甫。天啓初賜謚忠愍，弘光時又謚貞肅。又按：忠愍官錦衣衛經歷，此云錦衣幕，或明時有此俗稱，然非體也。

平按：應書『忠愍』。

贊曰：百鍊鋼，鐵石漢。出師表，常在案。歌烏烏，淚如綫。射虎行，李廣箭。十罪疏，尚方劒。嚴世蕃，以酒灌。徙保安，陷謀叛。余尚恨其刻嵩以射也，不必遠邀檜甫，而現有順楷與作伴。

# 陸景鄴公像

陸景鄴夢龍，山陰人。手有風疾，不能著冠，而好談兵。陞固原道，賊至，非其汛地，提兵往勦，兵敗陣亡。疏聞，思宗歎曰：『陸夢龍越境殺賊，忠烈可嘉。』贈太僕寺卿，賜祭葬。

平按：『懷宗』『懷』字剜改，原本殆作『思』。

今按：『思宗』，其餘諸本皆作『懷宗』。

贊曰：陸公手朐，不能戴幘。性喜談兵，易視蟊賊。佐鬭鄉隣，乃遂敗績。公評陣亡，傷在背脊。乃是逃也，可言對敵。及驗公傷，洞胸穿膈。臨死倉皇，所言不食。赫赫英靈，爭光月日。

# 陳復初公像

陳性善，字復初，以字行，山陰人。洪武十八年進士，以善書侍御。靖難兵起，監軍靈壁，戰敗被禽。燕王釋之，復初泣曰：『辱命，罪也。不可還見朝廷。』乃服朝衣湛河而死。

李按：復初乃公之名，公於弘光時已得謚忠節。此書於施忠介、周文節、黄忠端等皆舉弘光之謚爲稱，則此亦宜稱『陳忠節公像』。又按：弘光時追謚忠節，國朝乾隆中賜通謚節愍。又按：《明史》言性善名復初，以字行，郡縣志皆同此誤。又公官至禮部侍郎，改副都御史。其當洪武時，以工書召入便殿，繙録誠意伯遺書，初非以善書供奉也。此『侍御』二字亦不妥。

贊曰：公之狀貌，儒雅謙和。公之氣槩，磊落英多。善書供御，墨舞筆歌。靖難兵起，從事干戈。訊馘遇赦，辱命奈何。羞見當宁，乃朝服而湛於河。

施四明公像

施忠介邦曜，餘姚人。少時貧困，館穀郡城，日惟僵卧於枕上咿唔。爲人文弱謙和，而其居官乃剛介如鐵，亦古所謂繞指柔也，故宜與海剛峰同官同謚。

李按：字爾韜。

平按：忠介官副都時，長院事者爲李忠定公邦華。

贊曰：余見四明，日惟酣睡。渴睡漢也，乃遂登第。家無立錐，饔飧不繼。官至左都，與前無異。殉難燕京，貧無葬具。獨羡其贈官賜謚也，乃得同瓊山之剛峰海瑞。

黄白菴公像

黄忠端尊素，餘姚人。爲山東道御史，三疏參客、魏，有『阿保重於趙嬈，禁旅近於唐末，蕭墻之變，慘於戎狄』等語。忠賢痛恨，必欲殺之，誣揑追贓，下獄慘死。贈太僕寺卿，賜祭葬。

陳本『尊素』下有『字白菴』三字。

贊曰：公借尚方，請誅客魏。乃受反噬，同文獄斃。豐城之劍氣沖天，萇弘之碧血埋地。嗟嗟玉碎聲清，劍折鋒利。激烈吴民，逐走緹騎。直道在人，爲公吐氣。

吴歲青公像

立德　忠節

吴歲青從義，山陰人。以諸生參魏忠賢，繇是知名。貢入太學，四十成進士。宰長安，兵荒，千錢不得升粟。公設法賑貸，活數十萬人。流賊破城，公囑新繼夫人，到署一月，尚未合巹，可送歸母家，遂投井死之。

贊曰：吴歲青，爲子衿。參逆閹，發公憤。成進士，仕令尹。值兵荒，發倉廩。救饑户，免道殣。娶婦來，不合巹。賊薄城，即自殞。嗚呼！如公者祀長安，雖改邑不改井。

周巢軒公像

周文節鳳翔，山陰人。左春坊左諭德。甲申三月十九，都城陷，上無消耗，公與吴給事甘來約曰：『必得皇上的信，方可就死。』二十一日至東華門見帝后梓宫，放聲大哭，作書辭父母子弟，自縊死之。

李按：字儀伯。

今按：『上無消耗』之『上』，其餘諸本作『帝』。

贊曰：嗟我巢軒，誓死不避。上有老親，疊山無異。以此稍遲，有人責備。是猶責文文山之以遇便即逃，責謝疊山之以有髮即剃。嗚呼！邵忽死之，更有何議？

平按：『邵忽死之』，『邵』應作『召』。

陳本『邵』已改作『召』。

祁世培公像

祁忠敏彪佳，山陰人。乙酉五月，清貝勒以書聘公，公自平水擕櫬至寓山，赴水而死。子理孫拏舟求之柳陌下，正襟危坐，水僅及額，冠履不動，面帶笑容，腹無勺水，時人異之。

平按：『乙酉年五月』，『酉』下脱『閏』字。

陳本『彪佳』下有『字世培』三字。

今按：『清』，其餘諸本皆無；『拏舟』，其餘諸本作『倉皇』。

贊曰：德裕園亭，文山聲伎。一旦殉亡，棄若敝屣。危坐正襟，趺跏止水。首不墮冠，足不遺履。毫無戚容，滿面歡喜。如斯人也，乃以四負名堂，余曰孔子何闕而居闕里？

余武貞公像

余武貞煌，會稽人。乙丑登第後，養重家居，修閘修城，修麻溪壩，任勞任怨，不避艱辛。魯王監國，藉其連絡諸鎮，加兵、禮二部尚書。丙戌殉節。

陳本『丙戌殉節』下增『渡東橋下』四字。

贊曰：公生篤孝，父責不恥。大杖亦受，長跽不起。泣杖伯俞，耘瓜曾子。身發大魁，猶若童稚。魯王監國，尚書兵禮。勢不可爲，潔身止水。若不開門，血流漂杵。公撤嬰城，保全桑梓。

陳本作『贊曰：泣杖伯俞，耘瓜曾子。高第先登，講筵入仕。名震諫垣，望重鄉里。國步傾危，匡扶魯邸。耿耿孤忠，陳書流涕。時不可爲，有死而已。衣帶留銘，文山自擬』。

倪鴻寶公像

倪鴻寶元璐，上虞人。翰林院侍讀。有《毁三朝要典》、《辨東林》諸疏，上拈之屏間，出入顧視，每嘆曰：『奇才奇才！』聞賊信，走淮安，約史可法發兵勤王，不果，以單騎赴闕。甲申三月，賊破京城，向闕再拜，投繯死之。

李按：字玉汝。又按：文貞上《辨東林心跡》兩疏在崇禎元年正月，時尚爲編脩，尋遷侍講。其年四月復上《請燬三朝要典疏》。此處於『上虞人』下忽著『翰林院侍讀』五字，甚爲不妥，竟似文貞止於此矣，其意蓋曰爲翰林院侍讀時也。然文貞時亦未爲侍讀，今爲添注二字於行間，而識其誤於此。『翰林院侍讀』句作『爲翰林院侍讀時』。

平按：應書『文正』。

贊曰：穿天心，出月脇。落筆驚人，泣鬼雨血。奏疏絲綸，有明第一。以浙人而任司農，以詞林而治兵革。單騎勤王，事皆破格。攀髯鼎湖，神歸箕畢。不如人言，但啜茗燒香而爲翰林清客。

李按：《明史·倪元璐傳》，祖制，浙人不得官户部。又案《職官志》，洪武二十六年令浙江、江西、蘇松人毋得任户部。

# 毛忠襄公像

毛忠襄吉，餘姚人。歷官廣東僉事，提兵殺三峒、雷州諸賊。東粤盪平後，河源賊熾。公深入賊巢，師潰，鏖戰死之。是日晝晦，烈風雷雨，山谷振摇。七日後得屍，顔面不改。贈廉使，謚忠襄。

贊曰：文士涖戎，身秉斧鉞。旌旂所指，山賊覆滅。藐視賊巢，乃陷虎穴。鏖戰陣亡，天爲雨血。僚助路資，神降僕妾。嗟我生平，藻身玉潔。奈何死後，反受汙衊。赫赫英靈，瞑不改節。

柳裕州公像

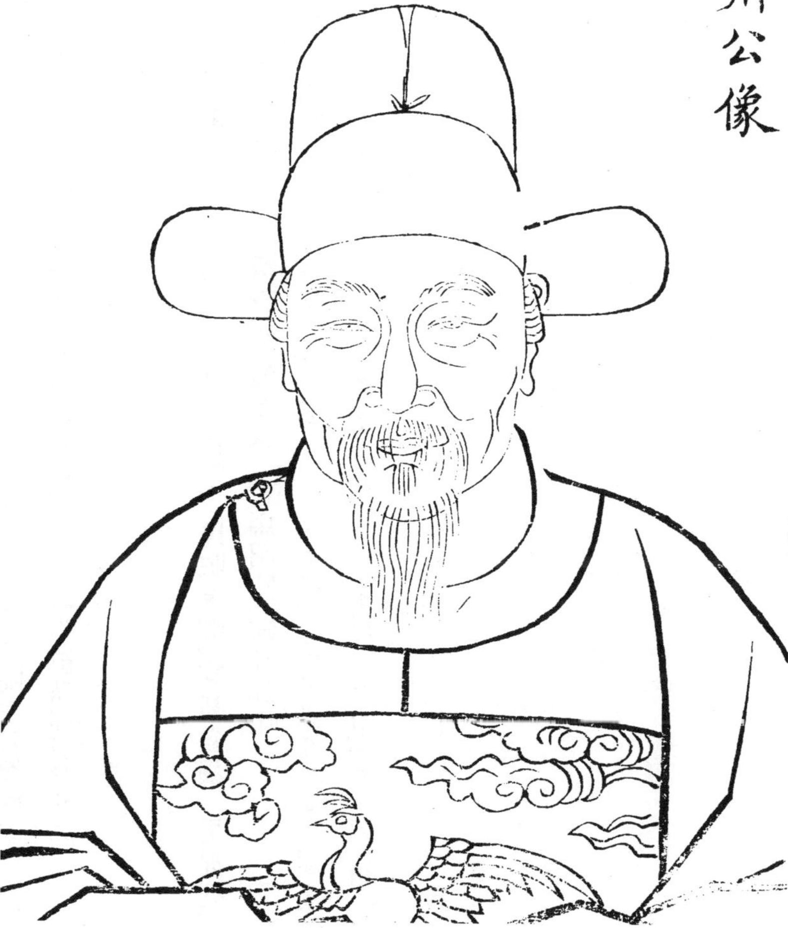

郁裕州采，山陰人。正德戊辰進士，授刑部主事，以剛傲忤部長，摘大名教授，稍遷裕州同知。河北賊起，州守欲棄城走，采曰：『毋爲民望。』嬰城死守。城陷被執，罵賊死之。

平按：『摘大名教授』，『摘』應作『謫』。

陳本『摘』已改作『謫』。

贊曰：嬰城死守，羅雀掘鼠。力竭被禽，身爲胥縻。罵賊杲卿，穿斷齧齒。男兒死爾，身爲厲鬼。走愬高皇，糢糊血體。請兵殺賊，英魂振旅。石馬昭陵，流汗如雨。

平按：『身爲胥縻』，『縻』與『靡』同。《史記·殷本紀》『是時説爲胥靡』，《集解》：『孔安國曰：「胥靡，刑人。」』裕州力竭被禽，罵賊死之，二字儗不於倫，『爲』殆『與』之譌，《方言》：『縻，滅也。』

陳本『身爲胥縻』作『身甘捐糜』。

韓五雲公像

韓五雲宜可，山陰人。洪武時拜御史，胡惟庸侍坐御前，宜可直前曳惟庸下座，面奏其奸佞，請斬首以謝天下。上怒，下獄。尋惟庸敗，上思公言，起官，歷左都御史，鋤奸除佞，朝宁肅然。

李按：《明史》宜可官止左副都御史。

平按：《韓氏家譜》同，此『左』下脱『副』字。

贊曰：公能肅括，立身崟峩。屈軼指佞，執法不阿。尚方請劍，速斬幺麿。萌蘖不伐，將尋斧戈。下公詔獄，風雷偃禾。無將既敗，所言不訛。居東復位，狼跋興歌。任以風憲，肅震山河。

平按：『將尋斧戈』，『戈』應作『柯』。

陶南川公像

陶莊敏諧，會稽人。以庶常改給諫，奏斥劉瑾，廷杖戍邊。瑾敗，復職，總制兩廣，尋入本兵，致政歸。治家嚴肅，族人憚之。

李按：字世和。又按：莊敏以兵部右侍郎總督兩廣，丁母憂歸。起爲兵部左侍郎，致仕歸。卒，贈兵部尚書。明代稱兵部尚書爲本兵，莊敏入爲侍郎，故云『入本兵』耳。

陳本作『陶南川公諧』，『族人憚之』下增『殁謚莊敏』四字。

贊曰：陶氏世第，起於南川。少年得雋，浙省掄元。初選中秘，復任諫垣。逆瑾竊柄，公擊鷹鸇。肉飛廷杖，謫戍極邊。復官兩廣，粵甸乂安。自公發福，科第連綿。

陳本『發福』作『發軔』。

徐龍川公像

徐龍川公像

徐龍川學詩，上虞人。爲刑部郎中，分宜擅政，龍川首疏參之。越中四諫自公首難，發奸擿伏，下筆最狠，故其受刑，身備五毒。

李按：字以言。　又按：《明史·徐學詩傳》言學詩與同邑謝瑜、葉經、陳紹稱『上虞四諫』。又謝、葉、陳三人疏劾分宜皆在徐前。此云『越中四諫自公首難』，蓋誤。

平按：『發奸擿伏』，『擿』應作『摘』。

今按：『分宜』，其餘諸本皆作『嚴嵩』。

贊曰：分宜百足，牙爪盈廷。負堣之虎，莫之敢攖。公爲發難，赤手批鱗。讀公之疏，狠過鄒林。五毒備受，仗此餘生。若逢比干，歎爾不辰。我遭昏主，爾遇聖明。

今按：『負堣』，其餘諸本作『負嵎』。

姜翼龍公像

姜翼龍鏡，餘姚人。萬曆壬午解元，連捷，授行人，陞禮部精膳司郎中。時太子未定，福王營謀册立，公首起强諫，大干聖怒。又以太監田義畜恨，矯旨廷杖。公自分必死，聖恩改票，得生出國門。林下三十餘年。太子踐祚，晋光禄寺卿，誓墓不出，人益高之。

李按：字允明。又按：『太子踐祚』，此已宜稱『光宗』，不宜稱『太子』。又考當時科道、郎署之以爭國本得罪者至此起用，或已卒贈官皆止光禄少卿或太僕少卿，不應獨晋光禄寺卿。又按：《毛西河集》有《姜光禄公傳》，所載皆與此同。又按：《明史》及各書皆言神宗時首請定儲位者，給事中慈谿姜應麟，被廷杖，謫爲廣昌典史。光宗即位，起爲太僕少卿。而一時以繼請得罪者甚衆，獨無姜鏡名。考《明進士題名碑録》，鏡與應麟皆爲萬曆癸未進士，疑鏡之子孫附會應麟事以榮其先，陶菴誤信之耳。今觀巷姜觀察枚爲鏡之後人，嘗見其家像右一目眇，亦與此圖不相類云。又按：鏡子逢元崇禎時官至禮部尚書，加太子太保，即鼎革初貝勒下浙東所聘六遺臣之一也。

平按：俞《志·鄉賢》云疏請册立削籍，蓋本之《姜氏譜》。《姜譜》亦言贈光禄少卿。陶菴誤。俞《志》同。

陳本『授行人，陞禮部精膳司郎中』作『官禮部郎中』，『福王營謀册立』作『福王謀立』，『大干帝怒』作『帝怒』，無『自分必死』句。

贊曰：戚姬恃寵，廢長謀成。惟公首發，侃侃直陳。倘蒙見納，曲突徙薪。後乃猖獗，羣起力爭。紅丸挺擊，社稷震驚。商山羽翼，蚤有孤臣。大功不伐，益見艱辛。

陳本「挺擊」作「梃擊」。

沈梅岡公像

沈梅岡束，會稽人。官吏科給事中。嚴氏怒總兵周尚文，不予卹典，束爲代請，傷嚴氏，廷杖幾死。繫獄十八年，一日鵲噪束前，束曰：『囚安得喜？』獄帖報聞，上曰：『吾令汝喜。』遂釋歸。時人謂蘇武歸以雁書，束歸以鵲帖。

李按：字宗安。　又按：『吏科』，《明史》作『禮科』。　又按：梅岡入諫垣，未半年即下獄，至十六年其妻張氏上疏，請代夫繫獄。其疏草，王弇州所爲也。世宗不許。及赦出，甫兩月，世宗崩，穆宗立，召爲都給事中，旋擢南京右通政，辭疾。布衣蔬食，終老於家，卒無子。

平按：『傷嚴氏』，『傷』字不辭。

陳本『束』字均作『公』字。『傷嚴氏，廷杖幾死』作『受廷杖幾死』。『上曰：「吾令汝喜。」遂釋歸』作『因得釋歸』。

贊曰：痛我梅岡，身無遺孽。娶妾至京，公下縲紲。遂與夫人，共守冰雪。十有八年，一門風節。游戲匠藝，寸釘片鐵。磨之銛利，造成一匣。文恭銘曰：十九年中郎節，十八年給諫匣，節邪匣邪同一轍。

李按：梅岡固可傳，然其妾潘氏者，真奇女子也，乃較梅岡尤可傳。　又按：史稱梅岡繫久，衣食屢絶，惟日讀《周易》爲疏解。

今按：『至』，其餘諸本作『到』。

趙麟陽公像

趙鱗陽錦，餘姚人。爲南御史，奉詔清雲南軍。元旦日食，馳疏參嚴氏。嵩怒，遣緹騎急逮，械行萬里，墮車者再，輦過不死。到京擬旨杖百，上抹去二字，遂得生全。歷官刑、禮二部尚書。

李按：端肅先爲南京刑、禮、吏三部尚書，入爲左都御史，加兵部尚書，仍掌院事。以憂歸，召拜刑部尚書，未至卒，年七十六。

平按：『趙鱗陽』應書『端肅』。　又按：『輦過不死』，《左傳》『輦重如役』，如《詩》之『我任我輦』，指將車者言。後世稱乘輿爲輦，稱京師曰輦下，則此字未可臣下通用。

今按：『上抹去二字』前原空一字，其餘諸本空字處皆作『而』。

贊曰：介谿當權，風行雷厲。越中四諫，鱗陽爲最。嚴氏恨之，急遣緹騎。兩次墮車，陷入死地。擬旨杖百，肅宗抹去。殘喘餘生，聖主所畀。是社稷臣，是清白吏。

李按：『肅宗』當作『肅皇』，世宗謚肅皇帝也。

陳本『擬旨杖百，肅宗抹去』作『抹去杖百，肅宗恩意』。

孫侯居公像

孫俟居如法，餘姚人。長不滿五尺，而廣顙碧眼，見者駭異。少年發甲，爲刑部主事。時神宗嬖鄭氏生子即封貴妃，而皇長子之母無位號。公抗疏爭之，降潮陽典史，以受瘴蚤卒。贈光禄寺卿。

李按：如法《明史》言贈光禄少卿。

平按：『長不滿五尺，而廣顙碧眼』，今越人相傳呼『孫矮』，即俟居也。俟居少年登第，以刑曹抗疏爭封鄭貴妃，謫潮陽典史，受瘴早卒。而越人傳其軼事，附會不經，如飭吏供燒鵝皮數斤之類，殆以貌既異人，立朝風節棱然，故多失實。天池山人亦然。

陳本『爲刑部主事時』，『時』上有『其』字。

贊曰：皇娥賺封，並后匹嫡。前星未安，母貴子立。比部此言，中其計策。夕貶潮陽，鱷魚吞食。忠烈之裔，貌宜偉碩。乃類侏儒，顙廣眼碧。晏子修長，而公不滿五尺。

陳本『中其計策』作『皇皇決策』。

陳行父公像

陳執中思道，山陰人。洪武己丑進士，主政比部，驟陞少司馬。征滇有功，轉少宗伯。奏置鐵牌，禁内官干與政事。更有二異，公貌酷肖御容，與黄子澄同籍、同官復同年月日時生。

平按：『洪武己丑進士』，『己』應作『乙』。

陳本作『陳行父公思道，字執中』。

贊曰：當君駿發，洪武開科。主政司寇，執法不阿。公征南服，前途倒戈。公典三禮，婦寺折磨。御容酷肖，殿上賡歌。更可異者，子澄同志，乃與之同造也，一字不訛。

平按：行父於洪武三年庚戌登鄉薦，爲吾邑舉人之始，故云『洪武開科』。

汪青湖公像

汪青湖應軫，山陰人。以庶常强諫南巡，廷杖幾死。謫知泗州，教民惟務農桑，至今殷富。武宗道淮泗，中使往來，需索無厭。公率壯士百餘，努力牽船，頃刻出境，居民不擾。離任囊無一錢，縣令爲置棹楔，名清風里焉。

李按：字子宿。

平按：『縣令爲置棹楔』，『棹』應作『綽』，『里』今謂呼『街』。

陳本『教民惟務農桑』句無『惟』字，『需索無厭』句無『無厭』二字，『縣令爲置棹楔，名清風里焉』二語作『所居名清風里』。

贊曰：甫入庶常，犯顏極諫。廷杖受創，骨肉開綻。謫知泗州，耕桑是辦。至今歲饑，藉以無患。武宗南巡，中使侮慢。公集壯丁，牽舟如箭。頃刻過淮，耕市不變。解紱歸來，囊無一貫。里號清風，千秋稍羡。

陳本『骨肉開綻』作『至死無間』，『耕桑是辦』作『耕桑力繕』，『藉以無患』作『藉以稱便』，『中使侮慢』作『需索無饜』。

徐檀燕公像

徐檀燕如翰，上虞人。初任工曹，陞大同參政。時方從哲亲政，公越職具疏，參其權奸誤國，幾罹不測。左光斗救免，解組歸。魏璫以一歲九遷，邀公入黨，公峻拒之，削奪。崇禎起平涼道，與曹文詔殺流賊無孑遺。廷推撫軍，辭不起，日與劉忠端講學蕺山。所著有《檀燕山集》，多踰等身。

李按：《明史·方從哲傳》，萬曆四十七年，楊鎬四路出師，大敗。禮部主事夏嘉遇謂遼事之壞由從哲庇李維翰所致，兩疏劾之。未幾大清兵連克開原、鐵嶺，御史張新詔又劾從哲，御史蕭毅中、劉蔚、周方鑑、楊春茂、王尊德、左光斗、山西參政徐如翰亦交章擊之。

陳本作『徐檀燕公如翰，上虞人。任大同參政時，參方從哲權奸誤國，幾罹不測。左光斗救免，得歸。魏璫以一歲九遷邀之，公峻拒。崇禎初起平涼道，與曹文詔殺流賊。廷推撫軍，辭不起，日與蕺山講學。所著有《檀燕山集》』。

贊曰：聞公素行，睦族卹孤。棄財如土，慷慨丈夫。越職强諫，上撩虎鬚。客魏烜赫，視若婢奴。九遷蟒玉，無異草芻。璫敗繼起，乃試鋸鋙。連帥殺賊，親執鼓枹。下馬作檄，雅歌投壺。等身文集，學海文河。

陳本作『贊曰：輕財好義，慷慨丈夫。越職强諫，敢捋虎鬚。九遷弗就，疾視璫奴。時明再起，親執鼓桴。飛章草檄，雅歌投壺。等身著作，垂老江湖』。

何競[illegible]公像

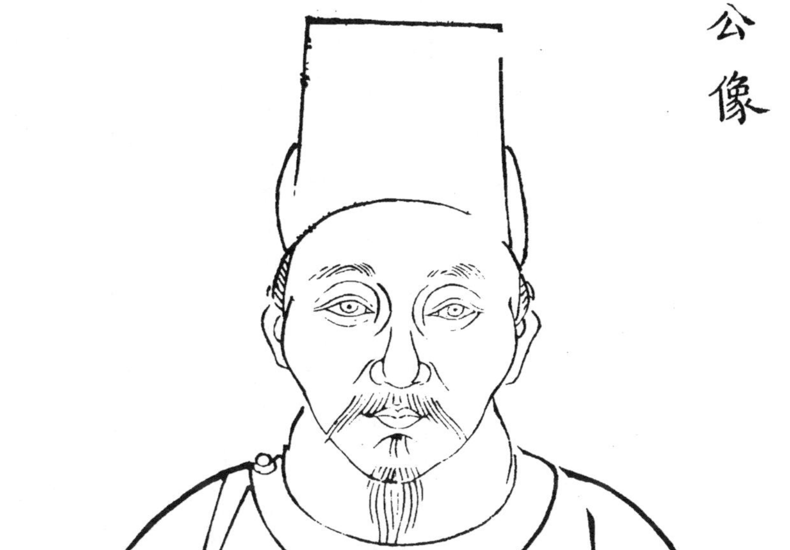

何競，蕭山人。父舜賓以御史謫戍赦歸，清理湘湖，忤縣令鄒魯，誣以不卒戍，械送嶺表，中途掩殺之，捕競，逃匿父友王鼎家。俟魯陞任，擊魯於錢唐沙上，垂㲙，矐其目，自首。廉訪語稍阿魯，囓臂肉噴入公座。廉訪上聞，遣官即訊，坐魯死，競比梁悦例，謫戍福寧。正德改元，肆赦。

陳本作『何競，蕭山人。父舜賓以御史謫戍赦歸，忤縣令鄒魯，誣謫嶺表，中途掩殺之，競逃匿。俟魯陞任，擊魯於錢唐沙上，垂㲙，矐其目，自首。以廉訪阿魯，囓臂肉噴之。事聞，訊坐魯死，競比梁悦例，謫戍福寧，卒肆赦』。

贊曰：孝子報仇，意堅似鐵。骨肉皆殘，尚存口舌。不共戴天，望空噴血。幸際聖明，仇人廝滅。罪擬惟輕，例比梁悦。赦歸江干，伍胥同烈。白馬素車，怒潮捲雪。

平按：『仇人廝滅』，『廝』應作『澌』。

陳本『廝滅』作『澌滅』。

孝子徐允讓像

徐允讓，山陰人。元末兵亂，同妻潘負父避難，遇寇傷父額，讓抱父呼曰：『寧殺我，勿害我父。』寇捨父殺讓，拉潘，紿曰：『夫死自從汝，但能焚我夫則無憾。』賊縱潘，聚薪焚夫，火熾，投烈焰中死。賊驚歎去。

李按：徐允讓，《保越録》作徐本道，蓋其字也。允讓死於元末胡大海圍越之兵，其人當入元，不宜厠之明代。今《明史》亦載之，皆失於限斷。

贊曰：山陰徐氏，項里爲隣。子殉利刃，婦燬積薪。孝子節婦，大振人倫。鋼鋒烈焰，箕尾歸神。光芒鐵石，碧血秋燐。千年廟祀，林木陰森。虞姬項羽，爾其後身。

陳本『虞姬項羽，爾其後身』作『山川靈秀，鍾此天民』。

# 陸孝子像

陸尚質，山陰人。父一中以教塾渡海，適遇風潮，舟顛將覆。質赴水往救，身隨潮去，而父舟遂逆流而上，若有牽繂者。一中得生，尚質竟死。鄉人憐之，名其渡曰陸郎渡。

贊曰：嗟我三江，瞿塘同怖。老父蠡舠，去若敗瓠。海岸奔馳，救援無路。委命驚湍，走死如鶩。爲鬼不知，牽舟逆溯。父得生全，賴其呵護。竊比娥江，陸郎名渡。

# 孝女諸娥像

諸娥，山陰人。父士吉以訟受太守笞，子應璧、應奎持鋤犯太守車，被縛。巡按上聞，逮太守及士吉子女，父子坐辟。娥方八歲，走擊登聞，臥釘板，骨血纍纍。上憐之，父兄減戍，送娥還里，創重道卒。

李按：《明史》言士吉洪武初爲糧長，有黠而逋賦者誣士吉於官，論死，二子炳、煥亦坐罪，與此不同。今府縣志從《明史》。陶菴鄉里相接，或當別有所據。《明史》又言娥與舅陶山長走京師訴冤，此亦事之可信者。今府城鐵甲營内有諸氏家廟，廟有娥塑像。

平按：「璧」應作「壁」，「車」應作「輿」。

陳本「璧」作「壁」。

贊曰：煢煢弱女，年甫八齡。乃能詣闕，擊鼓登聞。烈如猛士，浴鐵衽釘。剔骨還父，以報深恩。豈止先絡，不數緹縈。曹娥孝女，今復重生。

陳本「深恩」作「天親」，「曹娥孝女，今復重生」作「曹江配享，炳燿丹青」。

今按：「緹縈」，原作「提縈」，據其餘諸本改。

石孝女像

石孝女，新昌人。父潛，洪武末繫獄亡歸，匿吳。吳懼累，殺潛，泯其屍。孝女長向母問父，母告之故。及笄，舅許字吳之族子，女曰：『吳殺我父，忍事其宗廟耶？』于歸未合巹，即縊死幃中。衆駭問其母，母曰：『吾女之死，爲父報仇也。』有司聞之，爲治殺潛之罪。

陳本無『向母問父，母告之故』二語，『母曰：「吾女之死，爲父報仇也。」』作『知爲父報仇也』。

贊曰：昔有緹縈，救父肉刑。玆有石女，報仇結褵。合巹未畢，雉經于室。玆匪婚媾，于予爲寇。我形遽滅，父冤則雪。居常切齒，仇亦同死。誰言生女不生男，緩急無可使。

陳本『結褵』作『雪恥』，『于予爲寇』作『在我爲寇』，『父冤則雪』至『緩急無可使』作『父恨則洩。居常切齒，與仇俱死。死不共戴天，生女比生男』。

# 高白浦公像

高岱，瀝海人。以孝廉仕魯爲職方主事。江上師敗，岱遂絶粒祈死。子朗坐守八日，不死。檄文到日，朗告父曰：『兒不能待矣。』赴海死。長年報岱，岱瞠目曰：『兒果能先我死耶？』後不復言，數日亦死。

李按：岱字魯瞻，會稽人。

陳本『高岱』作『高白浦公岱』，『以孝廉仕魯，爲職方主事』作『以武舉爲魯王職方主事』，『不死。檄文到日，朗告父曰』作『知父意不可回，告父曰』，『後不復言』四字無。

贊曰：陵谷遷變，向背刹那。國恩世禄，棄若逝波。父也未死孤竹，子也先投汨羅。猶有叛逆，入室操戈。爾惟卑職，爲官幾何。國家養士，屈指無多。首陽猶媿，採蕨山阿。

陳本『向背刹那』作『爭一刹那』，『爾惟卑職』作『如此卑職』。

義士高朗像

高朗以父岱效首陽之節，朗坐守八日不死。見檄文到，朗曰：『我不能待矣。』遂紿長年駕舟出海口禱神，肅衣冠北面再拜，欲跳身下。長年力持之，乃嚙長年臂，創極，始放縱身入水。長年又赴水拯之，捽其幘。幘欹，踰時復躍出水面，手正其幘而没。

陳本無『朗坐守八日不死。見檄文到，朗曰：「我不能待矣。」遂』十九字。

贊曰：父效孤竹，子效屈原。牽衣嚙臂，入水整冠。憤填巨浸，氣作驚湍。鴟鶇龕赭，精衛西山。鶴鳴子和，喬梓爲難。芙蓉城主，北極仙官。

陳本『鴟鶇龕赭，精衛西山』作『鴟夷誓節，精衛含冤』，『喬梓爲難』作『地下承歡』。

王毓蓍像

王毓著，會稽人。武林納款，州縣爭獻圖籍。玄趾日夜繞屋走，恠歎不已，繼以涕泣，作《致命篇》黏唐將軍廟壁。復上劉念臺先生書，促其自盡，乃言曰：『今日死，猶及書明故也。』於其夜肅衣冠，自沉于柳橋之下。

陳本作『王玄趾公毓著，會稽人。聞杭州不守，日夜繞屋走歎，繼以泣，作《致命篇》黏唐將軍廟壁。致書劉蕺山，令自裁，毋爲王炎午所弔。且曰：「今日死，猶及書明故也。」夜肅衣冠，自沉柳橋下。劉聞之歎曰：「講學十五年，僅得此一人。」門人私謚曰正義先生』。

贊曰：玄趾口吃，楊子揮毫。玄趾善走，馬周釋屩。文壇飛將，膠序時髦。吴山立馬，冠蓋趨朝。佯狂罵世，不肯折腰。及書明故，自沉柳橋。身爲謝緒，厲鬼號啕。

陳本『號啕』作『驚濤』。

倪舜平像

倪舜平，山陰人。聞國亡，置二缸，召隣酣飲。請曰：『我死以缸覆我，幸爲揜埋。』佯諾之。明旦果坐缸，呼隣覆缸。既覆，扣缸使開，群笑曰：『先生悶耶？』曰：『否否。我坐不對峰，猶不正斃也。』坐正覆缸，瑩之而去。

李按：倪文徵，字舜平，府縣志有傳。《越殉義傳》作字舜年。

贊曰：在昔舜時，瓦棺隧地。今有義人，用缸納蜕。召諸少年，舁缸自瘞。須臾扣缸，令開其閉。群共笑之，是怕悶氣。先生謝曰，並無他意。坐不對峰，猶非正斃。

陳本作『贊曰：昔聞舜時，瓦棺隧地。今見先生，瓦缸自殪。召諸少年，舁缸就瘞。覆缸扣缸，曰待正斃。嗚呼先生，從容殉義。坐對南山，浩然正氣』。

葉蘅生像

葉薲生汝蒨，會稽人。庚午孝廉。知鄭遵謙舉事，多所匡正。大兵渡江，同妻王氏出奔桐塢，謂妻曰：『吾得死所矣，將汝何？』妻曰：『我自從死。』蒨拜地曰：『成我者子也。』同投阮家灣。蒨死，妻浮水去，里人拯之，强以食，不可，閲數日，復投水死。

李按：汝蒨，《明史》作汝蒨。魯監國時亦以舉人爲兵部主事。《明史》與高白浦同附《朱大典傳》。乾隆四十一年同賜謚節愍。

平按：字書無『蒨』字。

贊曰：石齋藻鑒，汝蒨奇士。言此科名，不足了子。一介書生，殞身桐塢。更有賢妻，馨同蘭芷。取義成仁，與師同死。一氣沆瀣，有光青史。

陳本『隕身桐塢』作『隕身水涘』，『賢妻』作『賢偶』，『同死』作『偕死』。

# 傅中皇像

傅中皇日炯，諸暨庠生。甲申北變，日惟痛飲，以解牢騷。及見盡節者衆，中皇遂自誓必死，以養母屬族人奉莪，亟走別母。母曰：『忠孝不兩全，勉之。』遂慷慨賦詩，沉江以死。次日猶見其危坐江心，挺然不没。

陳本『中皇』均作『中黄』，『日惟痛飲，以解牢騷』作『日炯惟痛飲，以讀《離騷》』。

今按：『遂』，原無，據其餘諸本補。

贊曰：鄭所南作《心史》，商彭咸沉江滸。勉子死忠，母爲滂母。生祭文山，友爲炎午。慷慨從容，以歸視死。斯人也能痛飲酒而熟讀《離騷》，是真名士。

陳本作『鄭所南作《心史》，商彭咸沉江水。勉子死忠，賢哉母氏。王炎午，文文山，慷慨從容同一死。斯人也能痛飲而讀《離騷》，是真名士』。

姚長子像

姚長子，王氏傭也。嘉靖間倭猝至越，被縛，以藤貫手，俾爲鄉導。過柯嶺，忖曰：『此去化人壇，四面皆水，斷前後兩橋，則死地矣。』囑鄉人急斷前橋，倭過斷後橋，無去路，寸臠姚長。倭陷此悉禽。土人收葬其骨。

李按：府縣志，姚長子，山陰獨山邨人。

平按：《瑯嬛文集》卷五有墓志銘。

陳本『王氏傭也』無『也』字，『鄉導』作『向導』。

今按：『猝至』，原作『倅至』，據其餘諸本改。

贊曰：敗倭横殺，衝州撞府。其狡如猿，其暴如虎。傭爲紿信，乃能誆楚。引入死地，身虀醢俎。百三十人，殲同羊羖。露布報功，悉歸軍伍。首功如傭，淹没不數。効死疆場，聞之氣阻。

陳本『効死疆場，聞之氣阻』作『効死梓鄉，名垂千古』。

周定夫像

周卜年，字定夫，臨山人。一聞國變，定夫以所著玉霝圈捶碎，用紙裹，上書『寧爲玉碎，毋爲瓦全』，置案上，作《五噫歌》，赴水死之。

陳本『玉霝』作『玉雷』。

贊曰：白洋潮，高似雪。有撓山，砥其轍。周定夫，懷鯁咽。捶霝圈，甚激烈。非賜環，乃佩玦。水玄黄，如噴血。自沉吟，無他説。不願艾敷蕭榮，寧作蘭摧玉折。

陳本『甚激烈』作『聲激烈』。

潘子翔像

立德　義烈

潘集，字子翔，山陰人。年十九，方應童子試。王玄趾自沉死，集奔至，撫屍大慟，作祭玄趾文，黏壁間，自署『江東義士』。見者笑之。次日五鼓，袖攜二石及詩文一卷，投於五雲門之渡東橋下。屍浮出數日，好義者醵金殮之。

李按：《越殉義傳》云年二十五。又按：渡東橋在東郭門外，非五雲門。

平按：此本《越殉義傳》之誤，沈冰壺《勝國傳略·附紀》已辨俞説爲非是。

陳本『作祭玄趾文』無『玄趾』二字，『醵金殮之』下有『鄉人私謚曰義成先生』。

贊曰：子翔父死，家徒四壁。窮困多年，今始有室。欲青其衿，奔走無及。乃亦效死，渡東橋側。漱石枕流，魚蝦不食。其袖中所攜者，非譚峭之《化書》，則唐錡之礮石。

陳本『今始有室』無『今』字，『奔走無及』作『已無及』，『魚蝦不食』作『魚蝦不能食』。

章烈婦像

烈婦金氏，章欽臣妻。立砦會稽山，被縛，見總鎮，欽臣剮。金氏少艾，賞行伍。金氏曰：『義不受辱，願從夫。』鎮曰：『爾夫死。』『願同死。』又曰：『爾夫剮。』『願同剮。』遂赴市曹行刑。馬劊子支解之，刺其牝以示觀者，人皆墮淚急走。次日，馬劊子白日見金氏，搥胸嘔血即死。

李按：章欽臣，《南疆佚史》作章憲，蓋憲其名也。烈婦事詳全紹衣《鮚埼外集》所載《大金夫人廟碑銘》。章在魯監國時官都督，孫忠襄公之部將也。以時代論，當在余烈婦之下。此殆後人竄易，非陶菴本如是也。

陳本作『章欽臣立砦會稽山，被縛，見總鎮，以欽臣剮。婦金氏不受辱，鎮曰：「爾夫死。」曰：「願同死。」又曰：「爾夫剮。」曰：「願同剮。」遂赴市曹行刑。馬劊子支解之，刺其腹，示觀者。次日，馬劊子白晝見金氏，搥胸嘔血即死』。

贊曰：大兵下越，婦女咸驚。藉爾摑血，以樹閫型。法場一剮，痛哭千人。即爲厲鬼，白晝現形。叱詫劊子，加我非刑。嘔血立斃，鋃鐺有聲。生爲烈婦，死作明神。

李按：贊首『大兵』二語當亦非陶菴原文。

平按：贊首八字剜改，字跡不同。

徐潘氏像

徐允讓既殺身救父，其妻潘氏貌美，賊衆攘奪。潘紿賊曰：『我夫既死，我復何往？有能聚薪燒我夫骼，我即從之。』賊與潘積薪如山，舁夫燒燬，火政猛烈，潘即投入火中，頃刻燼滅。

平按：依越縵説，則元人亦不當闌入。

贊曰：嵊縣仙巖，有女墮塹。山陰項里，有女投焰。一化清風，一成閃電。火裏青蓮，水中雷劒。石可望夫，火堪捍患。萬世具瞻，如見鐵面。節烈流芳，滄桑不變。

陳本『石可望夫』六語作『烈炬焦蛾，雕梁雙燕。義魄忠魂，冰心鐵面。彤史流芳，滄桑不變』。

貞烈姜實氏像

貞烈竇氏，餘姚姜榮仁甫公副室。公弘治進士，自工部主事劾逆瑾，遷江西瑞州府通判，署府事。華林巨盗犯瑞甚猖獗，公出拒戰。賊入署，竇亟取印投於池，挺身出見賊，詭自稱主母，令釋子婦縛，給以援即至，毋肆掠。賊見竇貌麗，逼以偕去，城得保。行無幾，求還。同往之盛豹一取金來贖，因密語投印所，俾歸報。比至花塢村，佯渴，取水飲，躍井死。事聞，詔旌貞烈，立祠祀之。

李按：此事不見《明史》，惟沈德符《萬曆野獲編》載之。言時爲正德六年，姜榮先爲工部主事，坐丁巳計典謫是官。後以棄城當服上刑，臺使者憐竇之烈，特婉曲開其辠，且爲敘功，進同知。而姜歸郡甫兩月，復買一姝麗，時議大薄之，未幾遂褫職。竇爲京師之崇文坊人。

陳本作『姜竇氏，餘姚姜榮副室。姜以進士官刑部主事，劾劉瑾，遷瑞州通判，署府事。華林賊至，竇投印池中，出給賊釋子婦縛，免肆掠，保其城，願偕賊去。賊信之，中途遣僕報印所在，即投井死。詔旌貞烈』。

贊曰：女婦罹變，捐軀是盟。誰當危遽，忠智而貞。可避不避，戢逆解横。可死不死，全印全城。可生不生，節炳義明。花塢井香，鐵石錚錚。表揚潛德，百世儀型。

陳本作『閨門遇變，矢志捐生。雖當急遽，既智且貞。可避不避，戢逆解横。可死不死，保印全城。可生不生，節炳義明。花塢泉香，鐵石錚錚。妾心井水，千古遺馨』。

余烈婦像

烈婦余長三十一妻吴氏，諸暨人。遭時亂，以死自誓。賊猝至，投繯不及，被擄而馳，怒詈求死。夫追呈贖金，賊殺夫取金，而挾烈婦去。罵賊益厲，至四都山下，見有池水，遂奮身躍入而死。當暑月，經旬日，庠士陸廷茂過見之，爲收殮，面如生。

陳本『遭時亂』句下至『經旬日』句作『遭亂，賊至被擄而馳，怒詈求死。夫追呈贖金，賊殺夫取金。婦罵賊益厲，至四都山下池水，遂奮身躍入而死。暑月經旬不腐』。

贊曰：山陬農婦，大義獨明。平居自厲，誓勿辱身。遭際亂離，盜賊縱横。倉卒被縛，怒詈申申。慷慨求死，夫亟呈銀。賊斷夫首，髮豎目瞋。一泓止水，其流潔清。攖身躍入，克遂堅貞。芳垂彤管，儀表丹青。寒燐熱血，千載常凝。

陳本作『山陬農婦，大義光明。遭際亂離，盜賊縱横。倉卒被縛，怒詈有聲。慷慨求死，義不獨生。一泓止水，其流潔清。聳身躍入，克遂堅貞。悠悠彤管，赫赫丹青。寒燐熱血，千載常凝』。

節孝金龔氏像

節孝會稽龔氏，隆慶進士瑞山公玄孫女，贈中書汝恭女，戊子鄉魁祖翼胞妹。氏年十四，母氏許患癥，不能就寢。周旋伏侍，衣不解帶四十晝夜，不交睫。比許歿，氏一慟而絶，一晝夜始蘇。年十七歸於金，逮事其姑，以孝謹聞。氏夫璠自都謁選回，抱病而亡。氏欲以身殉，因念長子大成甫六齡，幼子憲生孩三月，勉爲撫育，慈嚴交至，塾師館散，自加程督。氏通解經書，其子得母訓居多，弟兄先後入黌序。孫簡甫成童補弟子員，奉恩例題請給銀建坊，入節孝祠。

贊曰：惟孝惟節，日月爭光。誌乘所載，身殞名揚。氏之節孝，乃存而康。髫年奉母，慟絶幾傷。秉性不匱，並篤姑嫜。所天歿後，矢志冰霜。立孤非易，忍死徬徨。炳彪穹壤，萬禩流芳。

陳恭介公像

陳恭介有年，餘姚人。歷官南京吏部尚書，尋改公赴召，以二敝篚隨行。郵吏指而歎曰：『此亦太宰耶？』視事止息公署，以待漏院見客。中貴人人斂輯，境内肅如。

平按：『尋改公』，『公』應作『北』。

贊曰：公在銓曹，賄賂不至。致政而歸，手無寸幣。夫人遣价，迎之舟際。置傘百餘，萬勿遲滯。恭介訝問，以爲兒戲。從者曰夫人言杌隉數椽，何恃而不爲暑雨計？

陳本『公在銓曹』作『功在銓曹』，『置傘百餘』下作『乞置傘百餘，竊訝以爲兒戲。從者述夫人言，乃云敝漏數椽，何恃而不爲暑雨計？蓋其居室蕭然，風雨且不蔽』。

孫清簡公像

孫清簡鏞，餘姚人。公歷兩都冢宰，家甚廉薄。夫人錢氏一品百齡，太翁忠烈、翁文恪、夫清簡三代尚書，而夫人又乳幼叔鑛、姪汝游、二子汝法、汝洵，牙笏滿牀，而家貧如故。夫人猶事紡績，至老弗衰。

陳本作『孫清簡公鏞，餘姚人。歷官兩都冢宰，家甚廉。夫人錢氏一品百齡。祖忠烈，父文恪，逮公三代尚書，而夫人尚自乳幼叔鑛、姪汝游、二子汝法、汝洵，牙笏滿牀，而家貧如故，猶事紡績，至老弗衰』。

贊曰：清簡秉銓，黨人鷸蚌。公但持平，權衡不爽。拔滯旌恬，舉直錯枉。堂官有私，亦不敢强。清介服人，山斗瞻仰。有誣公者曰君子亦黨乎，則將應之曰君子不黨。

陳本『堂官』作『上官』，『曰君子亦黨乎』以下作『謂君子亦黨乎，曰君子不黨』。

陶文僖公像

立德　清介

陶文僖大臨，會稽人。以榜眼授編修。大臨弱不勝衣，而識沉守介，屹然不可動揺，肅括提躬，惟恐有失，而于取予尤嚴，無論金帛，即書畫玩好之遺，必峻卻之。及卒，橐無贏金，人益賢之。

李按：字虞臣。又按：累官吏部侍郎，卒贈吏部尚書。又按：《明史》稱大臨少應舉杭州，鄰婦夜奔，拒之，旦遂徙舍。及授編修，吴時來劾嚴嵩，大臨爲定疏草。時來下詔獄，詰所共謀，大臨不顧，日餉之藥物，時來亦忍死無一言。

平按：『肅括提躬』，『提』應作『禔』。

陳本『編修』下無『大臨』二字。

贊曰：公雖文弱，持身蹇蹇。補衮調羹，望隆鼎鉉。選直經筵，竪議侃侃。啓沃宸聰，發言明顯。明德如磨，鑑不虞昏。新民如澣，衣不虞染。至善如赴，家不虞遠。

陳本『持身』作『立身』，『選直經筵』以下作『啓沃宸聰，持議侃侃。進講經筵，發言明顯。曰明德如磨，鑑不虞昏。新民如澣，衣不虞染。止善如赴，家不虞遠』。

今按：『衣不虞染』，『染』原作『汙』，失韻，據其餘諸本改。

陶恭惠公像

立德　清介

陶恭惠承學，會稽人。出知徽州，勤於斷獄，解到即審，時人稱爲半升太守。解任，行李蕭然，一小篋墨數笏、扇數柄而已。徽人祀爲城隍，祈禳問卜，其應如響。

贊曰：徽州健訟，爲時許久。恭惠卹民，解到即剖。訟獄謳歌，半升太守。解任而歸，清風兩袖。肖像祀之，牲醴俎豆。問卜筳篿，告以休咎。今逾百年，威靈不朽。

陳本作『性淡聲華，情怡詩酒。入戴豸冠，權奸低首。出坐黄堂，犴獄立剖。數鋌烏金，半升太守。嚴取予則門吏亦吾師，重進身則江陵非吾友。歿而神之，於理或有』。

陳玄宴公像

陳玄宴治安，會稽人。丙午孝廉，出宰新化，清徹寒潭。譚友夏刻其寒溪六詩，士林佩服。歸惟著書，有《南華本義》。

平按：『丙午孝廉』，應作『萬曆丙午順天舉人』。

贊曰：於惟先生，貧資館穀。捷報賢書，不驚寵辱。仍到塾中，課徒誦讀。及見題名，主方拭目。後宰琴堂，清如冰玉。寺壁留詩，鍾譚佩服。歸注南華，秋水盈牘。

朱東武公像

立德　清介

朱東武公節，字允中，山陰人，太師文懿公父也。幼孤，事母至孝。既入仕，盡以產畀弟。歷任彭澤、泰州，屏除常例，並著懋績。解組歸，與舊友陳海樵、沈青霞諸公娱情詩酒，不預世務。講學稽山，如沈束、高鶴輩皆其高弟也。生平丰采略似陶靖節云。

陳本作『朱東武公節，字允中，文懿公父也。幼孤，事母孝。既入仕，盡以產畀弟。解組歸，與舊友陳海樵、沈青霞諸公娱情詩酒，不預世務。講學稽山，如沈束、高鶴輩皆其高弟也。生平丰采似陶靖節』。

贊曰：維公孝友，出自性成。洊歷令牧，矢志潔清。捍灾興利，練兵繕城。群歌父母，亦頌神明。既乃解組，松菊怡情。稽山講學，多士景行。高風誰似，靖節復生。同官同歲，同德與名。黌宫俎豆，千載流聲。

魏文靖公像

立德　剛正

魏文靖驥，蕭山人。南京吏部尚書。驥居官清介存渾厚。致政後，首笠謀田，與傭畯雜處，清理湘湖，功在桑梓。與楊慈湖同祀蕭然山麓。

贊曰：緊我文靖，功在桑梓。德並龜山，與之同祀。官非翰林，以文爲諡。昔惟謝安，與公同此。清介端嚴，朝野仰止。蟻視中官，王振切齒。名器是爭，反得俞旨。存問加粲，有光國史。

韓宜菴公像

立德　剛正

韓宜菴邦問，會稽人。以廷評録囚四川，多出滯獄。出知淮安，治行第一。巡撫江右，中官駐饒燒供御磁器，公力言小民凋敝，上輒止之。劉瑾恣肆，致政歸里。王文成尊爲父執，道遇必下車拱立。公第拱手曰：『伯安請便。』竟不下車，時人兩賢之。

平按：越地無車，兩『車』字皆指肩輿，應作『輿』。

贊曰：緊我司寇，系出魏公。剛介古執，德業日隆。兒視新建，父執愈恭。獸畜劉瑾，驅逐守忠。力抵不聽，歸避其鋒。筵開九袠，壽享恒崧。鄉賢崇祀，俎豆學宫。

陳本『古執』作『近古』，『兒視新建』三句作『新建過之，執禮甚恭。指斥劉瑾』。

駱纘亭公像

立德　剛正

駱纘亭問禮，諸暨人。官拜禮科給事中。遇事敢言，不避權貴。生平佩服朱文公，里廟不祀文昌，而以紫陽配武曲。治家嚴肅，自製《家禮》，深合古制，宗黨遵依，奕世不改。

李按：萬曆初官至湖廣副使。　又按：駱公《明史》有傳，隆慶中官南京刑科給事中，甚著諫聲，以面奏十事忤旨，貶楚雄知事，是當在忠諫之列。此云官禮科，亦誤。又按：不祀文昌是矣，而以紫陽配武曲，尤爲鄙妄。武曲者果何人耶？

陳本『奕世』作『累世』。

贊曰：嶽降暨陽，名馳楓陛。佩服考亭，受知海瑞。莅職端嚴，立身剛毅。自制婚儀，不用鼓吹。更肅家規，不畜聲伎。人稱爲朱紫陽之功臣，不媿爲海忠介之高第。

張楓丘公像

立德　剛正

張司空嵿，號楓丘，蕭山人。爲江西右布政。宸濠舉孝王，不許；豕生象，不賀。造司與王府爭高垣，爲隣民縮地，宸濠大怒，乃曰：『勿再言。』風囚徒攖人心曲。乃買陞南京光禄，得免其難。官至工部尚書。

李按：字時俊。又按：尚書之忤宸濠，毛氏奇齡《西河集》中亦極言之，而史所載殊略，惟稱其總督兩廣時，討平廣東新寧諸賊，擒斬至一萬四千餘人，俘五千九百餘人。自嶺南用兵，以寡勝衆，未有若是役者。以此而論，當入立功類矣。此云買陞南京光禄者，謂尚書之由布政召爲光禄卿，乃宸濠爲之賄遷，而下忽接『得免其難』句，竟似尚書自爲買陞矣，當加數字云『然竟以是得免其難』。『光禄』下亦當添一『卿』字。又按：『工部』上當添『南』字。

陳本作『張楓丘公嵿，蕭山人。成化進士，忤劉瑾，削職。瑾敗，起爲江西右布政，忤宸濠。造司署與王府爭高垣，宸濠憚之，餽以棗梨薑芥，蓋速之去也。後陞南光禄，免於難。終工部尚書』。

贊曰：張司空，性鯁直。忤守備，忤劉瑾，忤江彬，忤錢寧，忤岑猛，無所不用其逆。至於屢忤宸濠，恨之切骨。買置閒散，而得不與孫許同厄。嗚呼天祐司空，反得强項之力。

陳本『鯁直』作『激烈』，『無所不用其逆』『逆』作『直』，『恨之切骨，買置閒散』作『恨之急切，求置閒散』，『反得』作『終得』。

蕭靜菴公像

立德　剛正

蕭靜菴鳴鳳，山陰人。鄉試第一，舉進士，拜御史，屢疏劾江彬，申救胡世寧，皆人所不敢言者。出巡山海，權貴冒功者悉奏革之，犯忌乞歸。前後三任南畿、江南、廣東督學，有『陳泰山，蕭北斗』之謡。

李按：字子雝。

贊曰：靜菴剛介，不畏權奸。尚方請劍，肆口糾彈。冒功奏革，聲振三關。乃犯時忌，泉石投閒。三任督學，北斗泰山。竈蛙塵甑，貧似范丹。律身藻潔，湯誥銘盤。泰山，陳公選。

羅康洲公像

立德　剛正

羅康洲萬化，會稽人。江陵招致康洲，不肯應。及當主試，江陵爲其子先請試題，又復不應。江陵深恨，官久不調。江陵敗，始遷諭德，歷官禮部尚書。時儲位未定，章八上，鬚髮爲白。儲定，棄官歸。王龍谿語録曰：『陽和子如高山大川，康洲子如精金美玉。』

李按：字一甫。

陳本作『羅康洲公萬化，會稽人。江陵招致之，不應。及主試，江陵爲其子先請試題，峻拒之。江陵敗，起爲禮部尚書。請定儲疏八上，鬚髮爲白。既定，棄官歸。龍谿有言：「陽和子如高山大川，康洲子如精金美玉。」』

贊曰：羅朱文恭，三人同館。一相二元，龍山自撼。朱羅先發，帝心特簡。辛未分房，文恭入選。刺用門生，公固辭免。文恭嘆曰：非康洲不肯，非陽和不敢。

董中峰公像

立德　剛正

董中峰玘，會稽人。弘治乙丑舉會試第一，以榜眼授編修。忤逆瑾，出爲縣令，遷比部。瑾敗，復職，官至禮部左侍郎。講學東山，從游甚衆。所著有《中峰文集》，唐荆川選刻行世。

李按：字文玉。

平按：『董中峰』應書『文簡』。

贊曰：文簡科名，木天高第。因忤逆瑾，遂遭廢棄。乃以翰林，出知縣治。速化冰山，復還揆地。養重東山，文章名世。皋比中峰，五經訓註。繁露春秋，仲舒無異。

平按：『復還揆地』，『揆地』指内閣政府。文簡以編修忤瑾，出爲縣令，遷刑部，瑾敗復職，不得云揆地也。

陳本『五經訓註』作『訓註經義』。

周寧宇公像

立德 剛正

周寧字應中，會稽人。光禄寺少卿。爲人安靜無爲，不喜煊耀，故其居鄉，閭里不知有鄉宦，官府不識有名卿。閉户卻掃，座無雜客，士夫交際，惟劉忠端與之往還。

贊曰：寧字少年，金蓮歸娶。燕爾新婚，東萊博議。强項爲官，觸犯中貴。書刺江陵，遂遭廢棄。瀟灑林泉，廉隅砥礪。對之澹然，頓忘名利。

陳本『金蓮歸娶』作『名途鋭意』。

胡敬所公像

立德　剛正

胡敬所朝臣，會稽人。嘉靖丁未進士，授工部主事。以忤嚴嵩，誣陷下獄。嵩敗，復職，遷通政司使。沈鍊遭難，賓朋不至，獨朝臣與永嘉張尚寶遜業常護視之，卒以此得禍。

贊曰：納言胡公，胸懷骯髒。折檻朱雲，請誅師相。劍陷豐城，氣沖霄壤。日照冰山，爪解距放。仍護青霞，裹創泣杖。左右周旋，得以無恙。千載文山，堪與頡頏。

金楚晼公像

金楚畹蘭，山陰人。爲婺源令，時魏璫肆虐，廢天下講學書院。婺爲朱夫子故里，書院尤多。上司星檄，公毅然曰：『吾寧受譴而歸，斷不以一官開罪名教。』悉置不報。璫敗禁弛，諸郡邑書院俱廢，而婺獨全。拜御史，遇事敢言。歷應天督學，虚公明慎，時人服其冰鑑。

陳本『魏璫』上無『時』字，下無『肆虐』二字，『婺爲朱夫子故里』以下作『婺爲朱子故里，公毅然寧受譴，悉置不報。璫敗禁弛，惟婺源各書院獨全。拜御史，遇事直言。督學應天，虚明公慎，人服其冰鑑』。

贊曰：琴韻花香，父母長者。考亭功臣，力持大雅。繡衣埋輪，直聲華夏。冰心玉壺，文昌驄馬。追美二疏，退居緑野。詩酒陶情，風流瀟灑。俎豆句容，三台閣下。

王墨池公像

王墨池舜鼎，會稽人。工部尚書。公留心内典，食淡除葷。夫人服其清靜恪誠，執弟子禮，虔誠肅拜，欽敬終身。

李按：尚書《明史》無傳。考《七卿表》工部尚書王舜鼎天啓三年八月任，四年四月卒。是時魏閹未張，長吏部者趙南星，長兵部者趙彦，長刑部者喬允升，長都察院者孫瑋、高攀龍，而與尚書先後爲工部者鍾羽正、馮從吾，衆正盈朝，即尚書之爲人可想見矣。

贊曰：公惟恭慎，皈依釋氏。食淡特齋，鹽不著齒。廉潔居官，毫無染指。難在夫人，恪然師事。以閨帷伉儷之人，而欽敬終身稱爲弟子。

劉乾陽公像

立德　盛德

劉乾陽毅，山陰人。廣西右布政。督學山東，考校至晚，有士子吴光龍者，稿完而謄止半篇，公閲其稿曰：『汝文不特冠場，且將大發。』撤燭與之坐至更定，俟其謄完，遂定第一。果於是科連捷。

贊曰：大易名家，擬元己丑。督學公明，無出其右。五十賢書，皆其榜首。士子佩服，泰山北斗。方伯粤西，魏祠可醜。解紱即行，棄若敝帚。肅括提身，不喪所守。

平按：『肅括提身』，『提』應作『禔』。

孫季泉公像

孫文恪陞，餘姚人。父忠烈公殉節，戒勿治家慶，絶筆不書『寧』字，終身不爲人作壽文。持身藻潔，不妄受人一介。稍有不安，輒曰：『趙清獻必不如是。』古稱三不惑，惟公似之。

李按：字志高。

陳本『孫文恪』作『孫季泉公』。

贊曰：公爲華胄，生於紈綺。一介雖微，視爲可恥。清獻存心，夫顮有泚。肅若嚴霜，清如止水。貽厥孫謀，以燕翼子。三世尚書，一貧如洗。清白傳家，世濟其美。

陶雲谷公像

陶雲谷大順，會稽人。爲廣西巡撫。居官廉潔。貯庫有無礙錢糧十餘萬，吏請公攜歸。公不許，謂諸子曰：『吾以清白貽爾，勝𣪘金矣。』子孫雲礽科第不絕。

李按：字景熙。

陳本『𣪘金』作『籯』。

贊曰：雲谷功名，取之若寄。初試順天，拆名第二。再試浙江，拆名第四。與子允淳，同舉會試。旌其門者曰：畿省兩舉經元，父子同科進士。弟姪子孫，連綿登第。牙笏滿牀，汾陽是繼。

孫木山公像

孫木山汝洵，少年穎敏，受業月峰公，深沉好書。五十登第，居常力行孝道，釋褐後即請終養。太夫人喜弈棋觀史，閒步庭除。公必扶掖追隨，不離左右，母壽百歲，毫無倦容。庭産五臺瑞蓮，時人稱異。

李按：汝洵，汝法之弟，官至山東參政。

陳本『太夫人』三字作『母』字，無『毫無倦容』四字。

贊曰：於維孫氏，忠孝世傳。木山昆季，更得兩全。兄直遭貶，潮陽八千。弟能竭力，報劉心專。舞斑萊子，滌血庭堅。支牀雞骨，廬墓三年。冢棲白鶴，庭産瑞蓮。五十而慕，孝格於天。

諸南明公像

諸文懿大綬，山陰人。郡城自宋王佐之後，無有發鼎元者。自公傳臚後，遂連發二元。德行、文章爲玉堂領袖，官至禮部左侍郎，贈尚書。

陳本『大綬』下有『字南明』三字。

贊曰：嶽瀆威儀，珪璋氣象。秀目波横，灑髯風宕。韋布之中，焉有此相？柳汁染衣，句臚首唱。天下大魁，山陰開刱。臺閣文章，山斗聲望。肅拜莊嚴，儒林宗匠。

王咸所公像

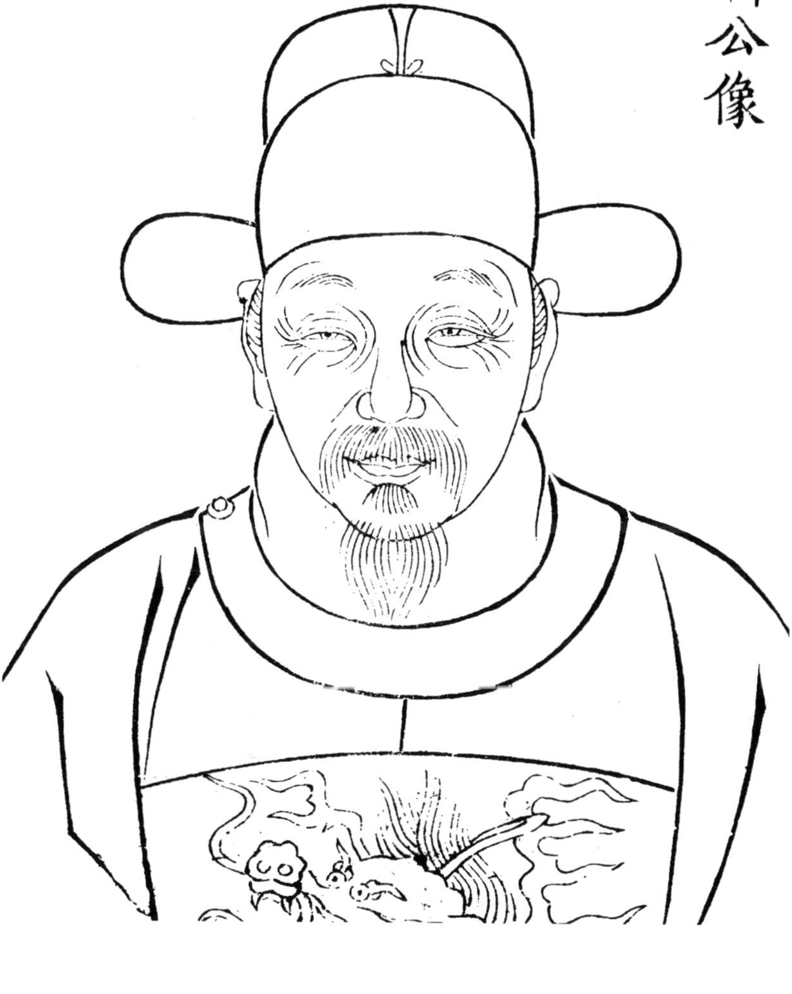

王咸所以寧，令宜興，魏國臨淮以賜田名匿税，公悉清丈，豁除横派。尋拜御史，巡按粵東，一省兵餉出於墟鎮場市，一槩横征悉爲奏罷。解任有羨銀數萬，上制臺備賑，不以奏聞，恐累後人也。以璫焰誓墓不出，士論高之。

陳本『豁除横派』至『一槩横征』作『豁除横派。巡按粵東，兵餉出墟鎮横征』。

贊曰：賜田驕横，勳戚肆兇。公爲清出，以裕正供。羨銀不匿，留備年凶。清恐累後，不告司農。宫鴞猖獗，匿跡崆峒。人皆蟒玉，我獨松風。右軍誓墓，采蕺高蹤。

姚春野公像

姚春野希唐，會稽人。馳名黌序。父病，公爲嘗糞。失怙，專心事母。三十喪偶，不復娶。小草爲崇明尉，開河灌畝，改邑救饑，大有政績。母目瞽，有雙星墮屋，目復明。母死，隣火及繐帳，反風滅之，以孝子請旌。

平按：『小草爲崇明尉』，言出爲崇明典史耳。以『小草』易之，遂不辭。明末文體習氣如是。又按：盛德八應入生孝，則盛德仍十人。

陳本『小草』作『小星』。

贊曰：春野姚公，力行孝義。父抱沉疴，黔婁嘗穢。失怙奉母，專心致志。壯歲喪偶，誓不再娶。終養辭官，三召不去。滅火護棺，墮星瘳瞽。天鑒真誠，降此靈異。

陳本『黔婁嘗穢』以下作『嘗穢滌器。卅年奉母，槃匜脩瀡。故劍情深，琴絃不繼。終養辭官，浮雲敝屣。滅火護棺，墮星瘳瞽。天鑒其誠，疊彰靈異』。

金伯星公像

金伯星樞，山陰人，少京卿楚畹公冢子也。少負異姿，力學不倦，居家恂恂，孺誠篤友，蜚聲黌序，允稱儒者。生平善行最多，第舉其一。越歲連祲，意承考志，傾貲營救，賑米、賑粥、賑藥，規條井井，全活甚衆。未幾赤虬召賦，奇應載《唔善録》中，至今頌之。

李按：『少京卿』，『卿』當作『兆』。

陳本『力學不倦』至『全活甚衆』作『力學，居家恂恂誠篤稱儒者。多善行，越歲連祲，傾貲營救，賑米、賑粥、賑藥，全活甚衆』。

贊曰：象勺岐嶷，非禮勿視。孝友文章，礜聞鵲起。善人是富，恩被州里。德豐年啬，朝聞夕死。麥舟相贈，僅私沾乎一士。而義賑博施命活萬人者，輒大勝夫范公父子。

李按：盛德共十一人，此下尚有山陰胡幼恒圖贊一葉，今缺。

按：越縵先生手校爲余烜刻本，今朱、陳兩家刻本均仍有是圖贊。世裕附識。

胡幼恒公像

胡幼恒，山陰人。博學有志節，得官不仕。性好施，會歲大歉，公賑粟數百石。嗣自每逢卒歲，常出所儲以贍貧乏。易簀時，諭其子若孫曰：『貧宜立志，富必濟人。今我置義産百畝，汝輩可奉行之，勿墮吾志。』迄今百餘年，里黨殘弱藉以全活者尚多。噫！即此一端可概公之平生矣。

陳本『會歲大歉』無『大』字，『嗣自每逢卒歲』作『每卒歲』，『諭其子若孫』作『諭子孫』，『里黨殘弱』以下作『里黨多藉以全活者』，無『噫！即此一端可概公之生平矣』語。

贊曰：太岳之裔，篤生善人。秉性和雅，抱質温醇。博覽載籍，五經紛綸。富埒陶白，惠周庶民。强横改節，微弱崇仁。至今族黨，頌義千春。

# 許半圭公像

許半圭璋，上虞人。爲王文成塾師，教以奇門遁甲諸書及武侯陣法。文成撫江右，囑曰：『勿錯認帝星。』及宸濠將叛，遣子貽以棗梨、江荳、西瓜。文成驚悟，出查亂兵，遂不及難。後得誅反擒王，皆先生力也。

李按：《明史·張嵿傳》言嵿以爭拓府地事，宸濠饋以棗梨薑芥，蓋隱語也。不應同時復有此事，蓋出傳聞之誤。

陳本『及宸濠將叛』作『及兵機未露』，『皆先生力也』無『也』字。

贊曰：古虞高士，文成塾師。教以遁甲，月下水嬉。風雷練膽，環走城陴。恐撫江右，錯認紫薇。宸濠將叛，潛貽土宜。内藏隱語，蚤離江西。掀天功業，藉以提攜。蔬水麥飯，山水自怡。征誅一局，揖讓三杯。

陳本『宸濠將叛』亦作『兵機未露』，『藉以』作『幼歲』，『蔬水麥飯』作『布衣終老』，無『征誅一局』二語。

陶石梁公像

陶石梁奭齡，大司成石簣公弟也。家庭自相師友，講學不倦。以賢書爲肇慶司李，晉濟寧守，嘆曰：『陶子面孔，尚堪執手版，引郵官津奔走車馬軸轤之前乎？』馳歸，與劉忠端講學白馬山，徵辟不就。

陳本作『陶石梁公奭齡，會稽人，承學第四子。生而近道，平居惟讀書靜坐，非正論格言不發。一門自相師友。先舉於鄉，授學博，晉濟寧守，辭歸不起。與劉蕺山講學陽明祠，立《證人會約》』。

贊曰：從來兄弟，品格不齊。蘇氏軾轍，宋氏郊祁。風流端恪，天性不移。今惟陶氏，伯仲塤箎。卜晝卜夜，衾影不欺。一心一德，孰與等彝？伊川明道，其或庶幾。

陳本作『贊曰：不矩而方，不規而圓。生而近道，與古爲緣。劉前王後，絶學緜延。一門師友，明道伊川。劉忠端謂其非守令才，宜正席成均而爲多士先』。

章格菴公像

章格菴正宸，少有文名。計偕北上，墮馬折臂。試期在邇，以左臂作書，乃得中選，士林異之。後任吏垣，持身肅括，人不敢干以私。爲枚卜濫舉，削籍歸里。仕魯兵敗，襆被擔簦，不知所之。

贊曰：格菴清嚴，廉隅是砥。給諫吏垣，臣心如水。枚卜金甌，嫌其濫舉。下獄賜環，灑然歸里。錢唐兵敗，躡屩去矣。或有見之，匡廬牛渚。今之道墟，昔之梅墅。神龍見頭，不見其尾。

陳本作『贊曰：格菴清嚴，左臂作書。給練吏垣，砥礪廉隅。枚卜雖濫，無損文譽。下獄賜環，蕭然幽居。魯王兵潰，躡屩凌虛。神龍見首不見尾，或在昔之梅墅，今之道墟，何必牛渚與匡廬』。

王蜺巖公像

王蜕巖埜，山陰人。安貧樂道，肆力經史。絶意仕進，築室卧龍山南，教授自給，鄉評重之。晚歲喜學《易》，習養生，猶夷山水間，自號蜕巖道人。壘石爲生壙於亭山之麓，曰小芙蓉城，張文恭爲作墓銘。

贊曰：曼卿仙逝，主芙蓉城。隱士效之，蜕巖名塋。有女靈照，道號蘗屏。同葬山麓，鐵石爲心。不義富貴，視若浮雲。先太史如中郎，有道之兩無媿色也，而爲之作銘。

陳本『鐵石爲心』至『視若浮雲』作『曙後明星。浮雲富貴，太空冥冥』。

余若水公像

余若水增遠，會稽人。爲寶應縣令，在任三月，劉澤清勒行屬禮，棄官歸。鼎革後隱於嵇山門外，裹足不入城。同年故舊有訪之者，匿跡不見。死則即葬隱所，不許他徙。

平按：『隱於嵇山門外』，『嵇』應作『稽』。《瑯嬛文集》卷四《余傳》云丁斗壟，今相傳云葛山者非。

贊曰：四鎮橫行，淮安駐蹕。挂冠去之，三月彭澤。農圃郊居，不入城邑。故舊同年，尋之避跡。塌壁頽垣，殘牀破席。下不辱身，上不辱國。何必殺身，方爲盡職。

陳本『下不辱身』至『殺身』作『城市山林，天涯咫尺。何必殺身成仁』。

何書臺公像

何仲淵弘仁，山陰人。知建平、高要兩邑。魯監國，拜御史。魯王航海，公追至白峰，投崖不死。土人以文信國事責公，謂君在不應遽死，遂入陶介山，削髮爲僧，身任樵汲，以勞苦致病而死。

陳本『弘仁』下有『字書臺』三字。

贊曰：書臺文弱，素有大志。世治循良，世亂節義。墮崖不死，委身舍利。竊效雪菴，脱然遺蜕。君有渭陽，石梁石簣。酷似其舅，是何無忌。

陳本『渭陽』作『二甥』。

余岍脩公像

余岍脩綸，諸暨人。稟異質，富學殖。崇政癸未捷南宫，授興化理。命甫下，闖賊陷都城，潛匿艸舍，從間道歸。適父危疾，衣不解帶，三年如一日。遂屏居小樓，足不下梯者十餘載，竟抑塞以終。

贊曰：卓哉岍脩，學淵資敏。早掇巍科，聲名籍甚。命理閩疆，黄巾道梗。運丁百六，超然遠引。侍父危疾，三年惟謹。坐卧小樓，一切都屏。抑塞悲凉，潔身待盡。蕉萃枯槁，未艾而殞。厥操可風，其志堪憫。讀聖賢書，弗負所秉。

陳本『黄巾道梗』三語作『中途遠引』，無『一切都屏，抑塞悲凉』二語。

劉遂安公像

立德　生孝

劉遂安謹，山陰人。洪武中，父戍黔南，謹甫六歲，輒問黔在何方，人指西南，則望西南遥拜。年十五即往尋父，遇之逆旅。父患瘋痺，遂請代戍，而國法代替必丁壯長男，謹歸攜伯兄子往，而孱弱不任。復歸，盡鬻家産，凡三返而始得歸父，竭力承歡，終身不怠。

陳本作『劉遂安公謹，山陰人。洪武中，父戍黔南，謹甫六歲，問父在何方，因向西南遥拜。年十五尋父，遇之逆旅。父患風痺，謹請以身代，而例需壯丁。謹歸攜兄子往，兄子孱弱。謹復歸，鬻産贖之，三返始得歸父，承歡終身』。

贊曰：孺慕終身，昔惟虞舜。公甫六齡，輒思身殉。三返黔南，鬼方夷箐。竊父而逃，方無遺慍。竭力承歡，甘旨必罄。十世榮華，子孫報應。

陳本『竊父而逃』二語作『代父以歸，仍遵功令。天憫其誠，卒遂所請』，『榮華子孫』作『子孫榮華』。

夏孝子公像

夏千，會稽東關人。有膂力。父遭虎攫，千方畚膳，吐哺逐之，手持竹筋，連築虎頸，皮裂捨去。負歸腸出，内而紉之。父創甚，猝不得藥，嚼畦中苦薺敷之，痛稍止。及問獵户療虎傷藥，獵户見苦薺，曰：『此即是也。』人皆稱異。

陳本『獵户見苦薺，曰：「此即是也」』二語作『即苦薺』。

贊曰：孝子吐哺，救父慌茫。手無寸鐵，竹筋一雙。痛築虎頸，委父山岡。履虎不咥，攘臂楊香。何以持筋，肉視虎狼。誰知良藥，即在路傍。獵户説破，天賜奇方。曾孫湛然，爲大和尚。

陳本作『贊曰：孝感動天，履虎不咥。救父竭誠，百倍其力。力築虎項，雙筋如鐵。負父下山，腸腹迸裂。信手療創，靈藥在即。楊香復生，鬼神護惜。篤生賢裔，名山卓錫。僧湛然爲夏曾孫。』

趙孝子像

趙孝子萬全，會稽人。生未週，父應麟遊學外方。崇禎時，道途多梗，二十年無音信。時孝子年亦二十，見母愁念，即立志尋父，走楚、蜀、齊、魯、燕、衛、兩粤、三晉，七年十省，竟無識者。轉至雲中馬邑，遇父徒張文義，始知父殁。引至墓，啓棺沁血，有金蝶從棺中飛投孝子懷，逾時而隱。土人見者，咸謂孝感所致。至今馬邑人猶有道其孝徵者。

陳本作『趙孝子萬全，會稽人。幼值明末寇亂，父遠出。萬全年十九，白母求父。經七年，歷十省，至雲中馬邑，遇父徒張文義，知父死。至墓啓棺，有金蝶飛入其懷，負骸而歸。母卒，廬墓三年，作《思親集》傳世。

贊曰：不識父面，不知父蹤。望空尋覓，列國途窮。逢神泣訴，誠格蒼穹。父徒相會，乃在雲中。恨不生迎，但見殯宫。啓棺拾骨，精血貫通。金蝶投懷，骨肉相逢。天褒奇孝，世世其豐。

陳本作『贊曰：不識父面，不知父蹤。七年尋覓，十省途窮。逢神泣訴，誠格蒼穹。父館舊徒，乃在雲中。聞之道路，引至殯宫。啓棺拾骨，金蝶騰空。投懷偕返，孝與天通。思親有集，傳此苦衷』。

陳本像右有注云：『孝子生有明崇禎時，甫二歲，父去遊北方。孝子十九歲出尋父，七年而返，以康熙二十八年己巳卒。事見《浙江通志》、《紹興府志》，皆入《國朝孝行傳》，並載《國朝先正事略》。獨此書以其生於明也，爲有明人。

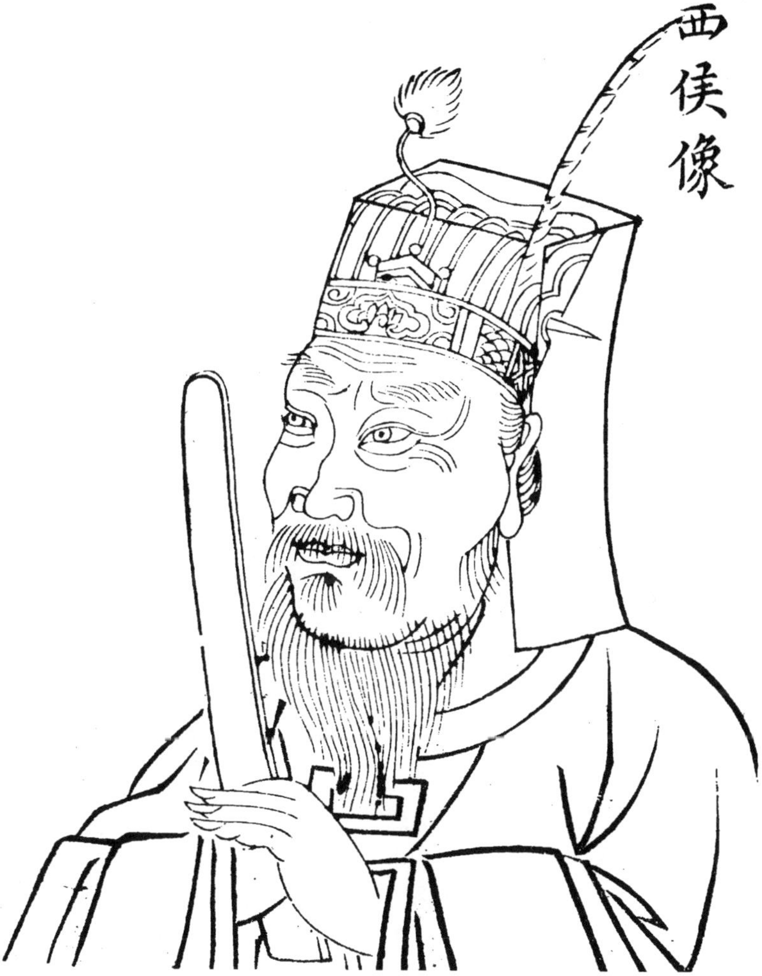

蔣定西侯像

蔣武勇貴，諸暨人。代父爲燕山衛卒，以靖難功世衛指揮。征戎王阿台，封定西伯。征木麓川，大捷，晉侯，與世券。貴起家行伍，與士卒同甘苦，故能所向成功，卒致大位。

李按：《明史》蔣貴，字大富，江都人。以燕山衛卒從成祖起兵，積功至封侯，傳爵十世，汔明亡而止。此云諸暨人，不知何所據也。

贊曰：行伍出身，衽金浴鐵。鏖戰多年，向無不捷。執鋭披堅，衝風冒雪。馬上安身，刀頭飲血。立致通侯，是真豪傑。不倚冰山，能自建節。勝彼汪閹，仰仗雙鉞。

陳本「行伍出身」作「出入行間」，「鏖戰多年」作「鏖戰疆場」。

吴環洲公像

吴環洲兑，山陰人。爲人倜儻有膽略。徐文長序其諸生時集市人毆悍兵，得陣法。文長曰：『君文士，乃諳武略。』公笑曰：『使他日試某以兵，亦猶是也。』後仕三邊總制，爲社稷安危者十餘年。

贊曰：文士諳武，毆兵小試。後掌兵權，威行邊鄙。壁壘改觀，順昌旗幟。奠安三邊，哈屯比妓。烽燧不驚，幕庭遠去。社稷安危，惟公是係。韓范齊名，膽寒渠利。

陳本『文士諳武』二語作『悍卒摧鋒，書生小試』，『遠去』作『遠徙』。

朱恒嶽公像

朱忠定燮元，山陰人。兵部尚書，總督七省。爲蘇州太守時，稅監橫征，小民激變，撫按委公往撫。公囑衙役及僕從數百人雜入人叢中，公單騎往諭之，諸僕役齊聲言：『太爺語是，吾輩跪聽之。』數百人折角，而民亂定矣。

李按：忠定歷加至少師兼太子太師，卒年七十三。魯王監國時，初謚襄毅，旋改忠定。

平按：《鮚埼亭集外編》卷二十八《跋明史朱襄毅傳後》云沈侍郎延嘉爲尚書草謚議曰襄毅。及讀《倪無功集》，則尚書之謚乃忠定也。或侍郎所擬乃初謚，而後改定之。按《明史》本傳，魯王時謚襄毅。《白洋朱氏譜》同。惟小雲棲寺中大殿之左設有公長子佩南像，扁書『忠定公子』。以寺本佩南別業，佩南卒後，張夫人舍爲蘭若，故僧祀之。無功說爲足據。譜修於《明史》頒行之後，故作襄毅。若趙一清《東潛文稿·外氏世次記》作襄敏，尤誤。

陳本作『朱忠定公爕元，字恒嶽，山陰人。腰大十圍，食兼二十人。守蘇時，稅監激民變，公預令僕從數百入人叢中，然後往諭之。諸僕從羣跪聽命，衆從之，民亂以定。後官兵部，總督七省軍務』。

贊曰：公守成都，麗譙露宿。有賊投誠，留與伴食。縱談西湖，六橋三竺。即與同寢，鼾齁坦腹。及至天明，斯人拜服。公天人也，乃敢反覆。卒用其謀，功成巴蜀。度量若此，自有天福。陳本『留與伴食』作『留與抵足』。

謝木齋公像

謝文正遷，餘姚人，號木齋。謹身殿大學士。木齋長身玉立，儀都偉。居官愼默簡重，朝廷有大事，必力爭規正，一時稱爲賢相。

陳本作『謝文正公遷，字木齋，餘姚人。成化間，鄉、會皆第一，官至謹身殿大學士。長身玉立，儀表都偉』，以下同。

贊曰：謚以易名，節以壹惠。文臣之謚，文正爲最。史頌木齋，端嚴清介。加税選妃，直言垂戒。忤璫即行，毫無芥蔕。如吾木齋，庶幾無愧。後之文正，取以贈賚。

陳本『忤璫即行』下作『忤璫還山，深衣博帶。如吾木齋，朝綱倚賴。後之文正，能無愧兹優賚』。

朱金庭公像

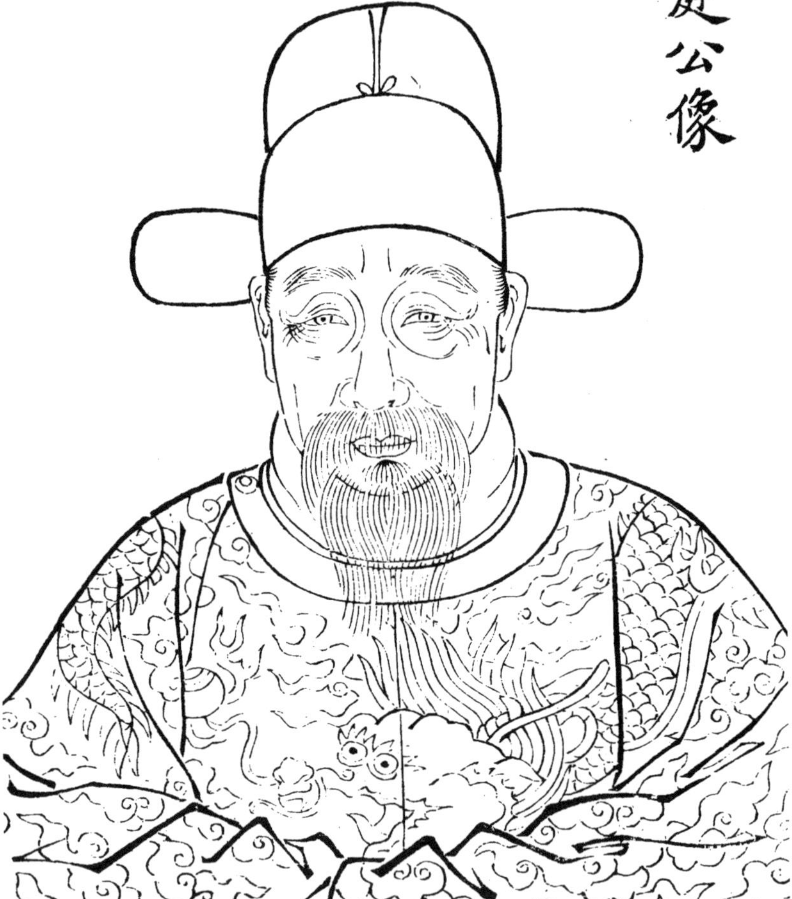

朱文懿賡，山陰人。初直經筵，聞上娱情花石，極言宋末花石綱騷擾害民。上退，戒左右曰：『講官言可畏。』妖書事起，幾興大獄，公竭力消弭，潦草結案。官至文華殿大學士，贈太師。

陳本作『朱文懿公賡，字金庭，山陰人。隆慶翰林。初直經筵』，以下同。

贊曰：公直講筵，陳説經史。花石娱情，聞言遽止。礦税撤官，陵工狹址。詔獄釋官，妖書停止。皆公苦心，著爲茶史。卒以屍諫，其直如矢。真社稷臣，帝嘗念兹。

陳本『詔獄釋官』以下作『詔獄釋嫌，妖書停止。卒以屍諫，其直如矢。真社稷臣，爲天下士。請看小瑯琊一卷金經，報道是三生佛子』。

楊恭惠公像

楊恭惠信民，新昌人。歷廣東參議。平雷、化、高、廉諸賊。後廣州賊猖獗，圍城數月。公以都御史往撫，大開城門，齎檄諭降。公單騎出城撫之，賊皆信服。亡何公卒，廣民奔走號哭，舉城縞素，奏請立祠祀之。遣官諭祭，謚恭惠。廟貌莊嚴，至今問卜如響。

陳本『大開城門，齎檄諭降』作『開城諭降』，『公單騎出城』句無『公』字，『亡何公卒』句無『亡何』二字，『廟貌莊嚴』二語無。

贊曰：爲政無他，齊禮道德。豺虎可馴，豚魚亦格。恭惠服人，勿恃威力。不動干戈，只須草檄。單騎赴虜，以安反側。信若寒暑，厲如霹靂。靈爽至今，祈禳林立。

陳本『只須草檄』作『臨軒草檄』。

張内山公像

張内山天復，山陰人。宿學晚售，老成力鍊，乃授詞部，凡國家大辭命、大制作皆出公手。後提兵戡武定亂，生禽鳳酋，拓地二千餘里。以功得讒，晚居林下，沉湎麴糵，賦詩揮翰，以老菟裘。

平按：『老成力鍊』『力』應作『歷』，『乃授詞部』『詞』應作『祠』。陳本『力鍊』作『諳練』，『沉湎麴糵』作『隱於麴糵』。

趙麟陽公銘公墓曰：急人之難而忘其蒺藜，僇力於師而謗興於薏苡。始焉嘵嘵，終則熙熙，斯言也豈婚姻之私？

何五山公像

何五山鑑，新昌人。由縣令歷官大司馬。公守制家居，加惠桑梓，力請當道興利除害，鄉人頌其十德。後以盜賊蠭起，舉賢任能，克靖群寇，晉階宮保，世襲錦衣。

李按：字世光。　又按：何公以正德六年爲兵部尚書，十二月以功加太子少保。七年九月以河南、山東、江西、四川諸賊盡平，加太子太保，廕子錦衣世百户。八年十一月致仕，閲九年卒，年八十。

贊曰：於惟何公，雄才大力。十德惠鄉，十策報國。流寇四起，滅之頃刻。以人事君，文武盡職。戰守要遮，罔不奏績。痛我先帝，死此蟊賊。追想前賢，搤擥歎息。

陳本『十德惠鄉，十策報國』作『惠鄉十德，報國十策』，『痛我先帝』『我』作『惜』，『死此』作『亡於』。

呂沃洲公像

呂沃洲光洵，新昌人。督撫雲南，沐氏橫甚。公大加挫折，請給兵符，自得調兵，討平鳳繼祖，俘名酋數十，拓地二千餘里。沐氏輦金買官誣衊，遂以工部尚書致仕。後事大白，勅建報功祠於新昌。

贊曰：鳳酋螽起，毒螫滇黔。公以繡斧，往蒞雲南。會戎間道，棘雨蠻烟。驅象四十，鐵鎧氈衫。俘酋拓地，以功得讒。後車薏苡，誣衊馬援。有功不敘，麟閣徒然。

平按：『鳳酋螽起』『螽』應作『蠭』，『棘雨蠻烟』『棘』應作『棘』。

陳本『螽起』作『蠭起』，『棘雨蠻烟』作『瘴谷煙嵐』，『誣衊馬援』作『誣以貪婪』，『麟閣徒然』作『麟閣懷慙』。

陳海樵公像

陳海樵鶴，山陰人，隱居怪山之息柯亭。先生角巾野服，望之若神仙中人，而清曠如太白，諧謔如東坡，荒誕如鄴仙，風月如玄度。外方有過訪者，時遇出游，如雲林秘閣，再拜而去。贊曰：在昔海樵，神仙骨格。嘯傲詼諧，説書戲劇。越曲吴歈，緑章梵釋。菱唱櫂歌，伐木輓石。隨意爲之，無不妙極。一座傾心，造請多客。無怪公之始至金陵也，將晉謁顧公，而公於是夜夢見李白。

陳本『妙極』作『妙絶』，『無怪公之始至金陵也』三語作『無怪其始至金陵也，將謁顧公，而顧已夢見李白』。

楊鐵崖公像

楊鐵崖維禎，字廉夫，諸暨人。元朝進士，晚居泖湖，嘗曰：『吾未七十休官，在九峰三泖間二十餘年，風日晴好，駕春水宅，蕩漾於湖光鳥翠，望之呼鐵龍仙伯，未知香山老人有此無也。』太祖召見，戴方巾，問爲何巾，曰『四方平定巾』。上喜其名，命以式頒行天下。

陳本無『上喜其名，命以式頒行天下』二語。

今按：『太祖』，其餘諸本作『明太祖』。

贊曰：三泖湖，九峰山。七客寮，春水船。江山風月，古佛神仙。小海生有贈言詩曰：二十四考中書令，二百六字太師銜。不如八字神仙福，風月湖山一擔擔。

陳本作『九峰山下，三泖湖邊。開七客寮，坐春水船。江山風月，古佛神仙。小海生贈詩曰』，以下同。

徐文長公像

徐文長渭，山陰人。性縱誕不羈，以狂遭鄙炎之獄，先文恭力救得出。出則放浪麴糵，恣情山水，縱横跌宕，益豪於詩。袁中郎至陶文簡齋頭讀其所刻《闕篇》，拍案稱奇，謂有明一人，名始大振。

李按：天池卒年七十二。

贊曰：文長之人，跅跎錯愕。文長之文，嵚崎磊落。白鹿諸表，皆其郛鞹。狂易囹圄，皆其戲謔。蓋其十年不穀食而沆瀣滿腔也，是以中夜嘯呼而上有群應之鶴。

王遂東公像

王遂東思任，山陰人。少年狂放，以謔浪忤人，官不顯達，三仕令尹，乃遭三黜。所攜宦橐游囊，分之弟姪姊妹。外方人稱之曰王謔菴。雖有錢癖，其所入者皆出於稱觴諛墓，賺錢固好，而用錢爲尤好。

李按：遂東自譔《謔菴年譜》訖於崇禎十三年己卯，年六十五，其卒在丙戌九月二十二日，年七十二。又按：遂東初官刑部主事，左遷袁州推官，再降松江教授。及由國子監助教陞工部郎，出爲江西九江道僉事，又以京察罷歸，是爲三黜也。此用『三仕令尹』，語殊不倫。朱氏彝尊《靜志居詩話》云季重『所至貶官』，四字足以盡之矣。又遂東行事固無甚異，然其風流倜儻，自是可稱。觀與馬士英書，氣宇峰舉，猶堪想見。若其詩文打油滑稽，朱氏謂其鍾、譚之外又一旁派，蓋邪魔下乘，直無足取。此乃表其錢癖，而贊又盛稱其文章，皆未當也。惟郡縣志及《越殉義傳》、邵廷采《思復堂集》、杜甲《傳芳録》、温睿臨《南疆佚史》諸書皆稱遂東爲不食而死，全氏祖望《鲒埼亭外集》獨據倪無功言，力辨其非死節。陶菴生與相接，而此贊亦不言其死，可知全氏之言有徵矣。

平按：《三藩紀事本末》亦云不食死。《勝國傳略》附《吴從魯傳》但云完髮卒於孤竹亭，時丙戌九月二十日也，蓋亦據《無功集》。《柳亭詩話》作謚文節，豈魯王所予耶？

陳本作『王季重公思任，字遂東，山陰人。萬曆進士，以能文名。爲令三黜，歷官刑部，外遷推官。魏奄伻來與語，笑不應，降松江教授。魯王監國，上書太后，請斬馬士英，並爲檄討之。杭州失守後，自構草亭，顔曰「孤竹菴」，七日不飲食卒』。

贊曰：拾芥功名，生花綵筆。以文爲飯，以弈爲律。譃不避虐，錢不諱癖。傳世小題，幼不可及。宧槖游囊，分之弟姪。孝友文章，當今第一。

陳本無『以文爲飯，以弈爲律』二語，『傳世小題』以下作『指佞拒奸，窮而益力。上監國書，討權臣檄。謂吾越乃報讎雪恥之鄉，無藏垢納汙之迹。其究也，與蕺山比烈』。

今按：『以文爲飯』，『以』字原缺，據其餘諸本補。

張雨若公像

立言　文學

張雨若汝霖，山陰人。爲諸生時惟讀古書，不看時藝。李九我於落卷中識拔，午未連捷。後以婦翁朱山陰當國，避炎不出，淹滯下僚，避客郊居，以詩文名世。

陳本作『張雨若公汝霖，先文恭公子。篤學嗜古，鄉薦爲李九我所識拔，大著時名。萬曆連捷進士，官至兵部郎中。去官再起，仕參議，以婦翁當國不出。著《郊居雜記》、《易經因指》、《四書荷珠録》行世』。

長洲文震孟贊曰：嗟君少時，趺宕書史。佶屈聱牙，學惟好古。堪補注疏，荷珠因指。雖冠進賢，心惟樂此。纂輯韻山，冢筆廩紙。張華海鳧，子夏亥豕。大江以南，讀書種子。

陳本『學惟好古』作『上規姚姒』。

王元章公像

王元章冕，山陰人。隱居九里山，種梅千樹，名其廬曰梅花書屋。明太祖嘗聘至軍前，一夕亡去，不知所之。

今按：『山陰』，其餘諸本作『諸曁』；『嘗』，原無，據其餘諸本補。

贊曰：元章隱居，九里山麓。種梅千株，寒香入骨。梅子熟時，挂錢盈屋。日食數乂，木奴果腹。每遇雪天，世界白玉。我去欲仙，乘鸞駕鹿。及見高皇，如對樵牧。一旦云亡，蜕遺松鞠。

平按：『日食數乂』，『乂』應作『文』。

陳本『寒香入骨』作『寒香馥郁』，『數乂』作『數叉』。

今按：『數乂』，陸本作『數文』。

孫月峰公像

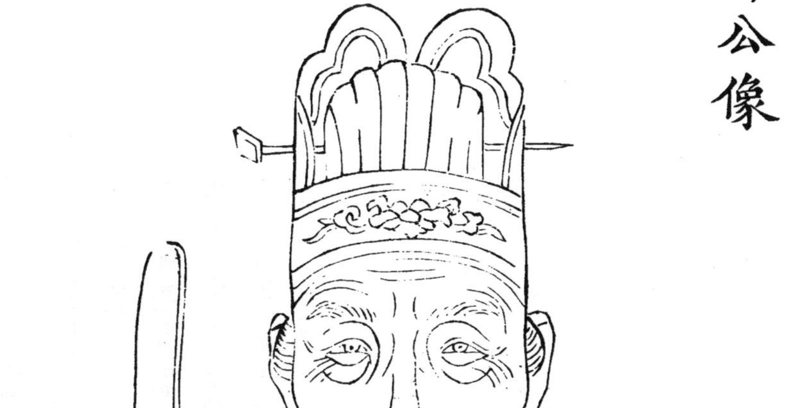

孫月峰鑛，餘姚人。精於舉業，博學多聞。其所評騭經史子集俱首尾詳評，工書媚點，倣司馬光寫《資治通鑑》，無一字潦草。至於禦倭靖亂，又功績爛然，藝林所少。

陳本『俱首尾詳評』，『詳評』作『端詳』。

贊曰：胡公正蒙，爲女擇壻。必得會元，方稱門第。乃得月峰，元燈是繼。居業月峰，專攻文藝。經史盈前，丹鉛不置。是猶王右軍之以字藝得名也，而略其救時經濟。

陳本『經史盈前，丹鉛不置』二語作『而不知其有文事必有武備』。

周雲淵公像

周雲淵述學，山陰人。生平著述甚富，曆宗、通議、中經之外，如圖書、皇極、律呂、山經、水志、八野、筭法、太乙、壬遁、演禽、風角、鳥占、兵符、陣法、禄命、建除、理術、五運、六氣、海道針經各有成書，名曰《神道大編》，博物多聞，爲有明第一。

陳本『風角』作『風魚』。

贊曰：博物張華，通天徹地。神道大編，鴻寶奇秘。蟫食鼠侵，零落弗備。嘗其一臠，可知鼎味。闡明絶學，應無有二。雲鷺荆川，竊其牙慧。

陳本『嘗其一臠』作『嘗鼎一臠』，『竊其牙慧』作『得其餘義』。

立言　博學

董日鑄公像

董日鑄懋策，文簡公曾孫。精於《易》學，設帳蕺山，四方從游者歲數百人，學舍不足，僦屋以居。其月旦課藝，必糊名易書，列以等第，時人比之白鹿書院焉。

贊曰：康成鄭鄉，子雲玄冢。樹植孔林，四方接踵。是皆弟子，爲師增重。白鹿鵝湖，今乃屬董。牀頭私録，發明周孔。學庸講意，開人矇憧。一代經師，千秋學種。立雪程門，士皆端拱。

陳本『學庸講意』，『意』作『義』。

来馬湖公像

來馬湖斯行，蕭山人。公一生狂放，淹博群書，所著述有《樣菴小乘》、《經史典奥》、《塵談》、《燕語》等書，凡十有五種，廣蒐博覽，至老弗倦。至於平妖斬馘，樽俎折衝，名士風流，不下諸葛。

贊曰：聞説來公，詩書跌宕。堆積樣菴，牙籤絳帳。博物茂先，校書劉向。如入瑯嬛，書城法藏。編纂成書，白孔頡頏。

陳本『白孔頡頏』下增『非挾策從戎，不足以盡其風流倜儻』。

陳金壘公像

陳金壘絳，上虞人。嘉靖甲辰進士，仕至應天府尹。讀書金壘山，爲葛長庚修仙地。絳博覽群書，集《山堂隨鈔》數十餘卷，凡所著述皆人所不曾經見之書。陶太史石簣以其言近於子，改名《金壘子》以行世。

陳本『博覽群書』上無『絳』字。

贊曰：王朗才進，洛下稱奇。不見異人，必得異書。枕中談助，鴻寶秘書。山堂著述，莊子韓非。太史賞識，名以金壘。山如巒雉，文士棲遲。頑仙過此，敢入庭除。

陳本作『贊曰：王朗才進，洛下矜奇。中有異書，上追軒羲。金壘巖巖，葛仙所遺。山如巒雉，學士攸嬉。著書山堂，莊老是期。石簣名以子，誰曰不宜？頑仙過此，不得窺籓籬』。

朱越崢公像

朱越崢南雍，會稽人。以畫名。太子出閣講學，有南雍畫扇，太子把玩，無心聽書。講官言之，罷官歸里。

李按：越崢文集未見。明代張陽和所藏南康蔡少壑世新墨繪陽明先生深衣小像，有越崢題贊一首。其引首有白文小長印，文曰『五雲深處山人』。末題『山陰後學朱南雍書』，有朱文方印二，一曰『朱子肅』，一曰『山水木石間人，琴書詩畫中意』。又按：府縣志言萬曆八年，南雍爲太僕寺卿。其罷官當在此後一二年中。是時神宗沖幼，正在講學，安得有太子？或玩畫扇者即是神宗，世俗誤傳以爲太子。陶菴不知考正，輒據鄉談以爲故事。此書所載往往有之。

陳本『會稽人』下有『隆慶戊辰進士，萬曆五年官太僕寺卿』二語。

贊曰：在昔越崢，畫苑名宿。畫倣王維，字宗山谷。得其片紙，視爲金玉。聞説當年，太子講幄。所展扇圖，臣雍戲墨。交結青宮，訾其干禄。以此謫官，殊亦不俗。

平按：『臣雍』則是進御之作，越縵説是。然臣工奏御書畫，應書『恭繪』、『敬書』，必不敢用『戲墨』二字，似皆傳聞之誤，無可考也。

陳本『字宗山谷』句下作『進扇青宫，儲君欣服。朝夕把玩，有誤課讀。講官劾之，訾爲干禄。署名臣雍，容心上瀆。因此去官，頗亦不俗』。

張葆生公像

張葆生爾葆，山陰人。以副榜特奏爲揚州郡司馬。築精舍於龍山之麓，商彝周鼎，法書名畫，充牣其中。淹博羣書，精於畫藝，筆法之妙與玄宰、長蘅共有千古。

贊曰：司馬含毫，烟雲滿紙。北苑大癡，方堪與齒。識其畫者，惟王太史。伯虎周臣，一俗一士。或問周臣：何以至此？太史答曰：祗少伯虎胸中數百卷書耳。

陳章侯公像

陳章侯洪綬，諸暨人。爲人不羈，自幼攻於書畫，筆多異致，超出古人，名重一時。求其畫者，或圖山水一角，或畫人物半身，每多不完，倣之古人，惟郭恕先庶幾似之。

陳本作『陳章侯公洪綬，諸暨人，方伯性學之孫。初從劉念臺學爲諸生，輒棄去。覃思書法，善作畫，下筆有生氣。晚號老蓮，名重一時。陳繼儒謂其畫最工，字次之，詩又次之。名在蕺山弟子籍』。

贊曰：跌宕章侯，聰明桀傲。字畫出人，掀翻窠套。術動王公，四裔名噪。髫少心存，自爲寫照。咄咄書空，摩倣思肖。乃曰浪得虛名，窮鬼見誚。

陳本『髫少』作『鬢少』，『窮鬼』作『見誚』，下增『獨不見其受業劉門，同與於證人之教』。

# 附録

## 陳跋一

陳治德

昔余大外祖宗子張公作《三不朽》一書，刻未半而辭世。遲至四十餘年，式宣五母舅病中，因表弟若水遠出，將未刻五十餘圖授余曰：『爾素好義，幸勉力完之。』第檢閱尚有二十餘圖在梓工蔡爾達家，其子遠出。又遲數年，蔡子仲明旋里，計付刻資，始得檢回。今又蒙好義諸公及孫、金後裔捐資公助，乃得告成。此皆諸先賢德望昭著，不致泯滅所致，否則幾湮没吾大外祖表揚先賢之心，而余亦幾負吾舅氏之委託矣。余與表弟不勝欣喜，聊跋其事云。

時乾隆五年五月，會稽陳治德仲謀氏識。

録自乾隆五年陳治德恒德堂刻本

## 陳跋二

陳治德

昔余外祖宗子張公集《三不朽》一書付梓，工未半而逝世，遲至四十餘年不克竣。後舅氏式宣病中，以表弟輩遠出，將未刻五十圖授余曰：『設爾有與其後裔交好者，可力完之。』第前有二十餘圖付蔡爾達刻成，因乏資尚未取回，又因循十餘載。己未春，蔡之次子仲明自明州回，道及其事，并付刻資。仲明曰：『此吾母汪素志，欲竣其事也。』即爲檢還。今又蒙好義諸君捐資慨助，始得告成。嗟嗟！外祖作此書時余年未二十，今已七十有三，不意流傳至今，始竟其事。此皆諸先賢德望昭著，陰爲默佑所致，否則幾淹没吾外祖之苦心，抑幾負吾舅氏之委託矣。不勝欣幸，聊跋其事。

録自乾隆六十年余烜佑啓樓重修本

## 陳跋三

陳治德

古劍老人，余外大父伯兄也。嘗著《三不朽圖贊》，付梓工蔡爾達鏤板，未半而老人謝世。後四十餘年，舅氏式宣以未梓《圖贊》五十餘篇授余，曰：『幸勉力成之。』余檢其目，有尚存蔡處未鏤者，而蔡子仲明遠出。復遲數年，仲明歸，乃醵資付梓，竟合舊刻，共若干篇。非獨余無負舅氏委任，而老人未竟之志卒成於四五十年後，幸矣！

乾隆五年重午後二日，冰懷陳治德識。

録自國家圖書館藏周作人原藏余烜佑啟樓重修本

# 有明越人三不朽圖贊序

許景仁

夫終有明之世三百年來，越故大有人哉！古劍老人起而圖之贊之，以三不朽分著之，留形模以垂範，表踐履以作型，蓋甚欲不朽其人于後世也。顧懷忠履孝，植節守廉，既欽碩德，又何以不遺細行？理究性命，論切安危，既稱博識，又何以兼録片言？功勳一世，惠愛羣生，既表宏材，又何以下逮小技？或曰濫矣，然有可稱焉，奚忍湮没乎？蓋世際滄桑，玄黄戰野，采薇而食于周，固稱餓夫，實商之義士也。而後世藉口自晦，則以遺民没世者，抑又何求其有浮沉觀變，終不得與于微、箕之數者，生平才識又頗淹聲譽，而究其晚節末爲挺挺也。槩予以不朽，實滋清議，老人又何説之辭？而予曰：不然。一生之脩名不立，而末路堪稱，垂老之氣節或頽，而平居自好，如之何以言廢人，以人廢言哉！矧夫議者論其迹，未諒其心，其中或有大不忍者。迄因循老死，而異世譏評遂多求索，老人所不忍出也。揆老人之心，則曰其非改頭換面者，烏忍棄其所可稱，而不與于圖贊之列？係曰有明，著越之多節也，較他郡之馳逐風雲者，越實矯矯也。其餘一材一藝，同是勝國遺老，比王毓蓍、倪舜平輩特欠一死耳。而一腔忠義，余知多賫志以殁矣。覽老人《不朽圖贊》，其殆作于平水夢後也。而或有議者，要之無礙于其人之不朽也，又安知不因是而反藉以不朽乎？後六七十年而予竊與于遺議之末，又幸與老人共白此不朽之衷也。噫！

乾隆乙亥古重九日，同里許景仁檗子撰。

録自乾隆六十年余烜佑啓樓重修本

## 三不朽圖贊跋

余　烜

右古劒蝶叟先生所著於越有明一代三不朽之圖贊也。獨恨其稿甫就，汗青未半，先生遽爾化去，以致轉輾因循，訖不得就。後經其戚屬陳仲謀氏代爲籌畫，始得蒇工。然距其經始之時已一周撓甲矣，先鋟板片委積梓所，已就朽蠹。而庚申至今甲又將周，板且屢易，其所藏者未識珍惜，蟫蝕鼠殘，黴朽漫漶更加於昔，形模字畫不可省識者已十居三四。今年夏始歸於予，不勝歎惋，遂選善工急加脩治，并出舊藏原本詳加核訂，缺者補之，漶者新之，用工匝月，始還舊觀，共得一百八像，爲櫝而敬藏於佑啓樓中。

嗚呼！當先生作此之時，有謂吾越前明一代賢才輩出，甲於宇内，其可以不朽者寧止此百十人哉？而即此百什人之中往往有不過片長一技，而遽與忠孝、節義、理學、勳業諸公同量齊觀，其能免於遺濫之譏乎？是大不然。夫先生之於是書也，盱衡貳百數十年之間，別白精微，其所取舍，獨具隻眼，或數語而該其終身，或片言而舉其獨行，而且較略於初盛，致詳於末造。此先生裁鑒之苦心，識者可因此而闚其微矣。蓋出其作《石匱書》之緒餘而爲之，夫豈漫然無所審擇於其間哉！不朽雖同歸於一，而其所以不朽者亦各視其操履之極致而已，何不可竝垂於後乎？前人著述具有深意，豈淺夫陋學所可訾議！多見其不自量而已矣。

或曰：是書也有勸而無懲。是又不然。此非史書例也，安得懲勸竝行哉！然而不懲之懲，其懲深矣。嗟乎！士生其後者可不克自振拔，努力奮興，由求免於其不懲而馴至乎其所勸，而要同歸不朽，庶不負先生昔日以激發義氣，砥礪勉旃，惓惓於後來之心也。不禁太息而跋之。

時乾隆旃蒙嬋嫣之歲仲秋朔日，昜堂山人慕郈余烜敬書於南澗菜根堂之東篸閣齋。

録自乾隆六十年余烜佑啓樓重修本

## 重刻有明越人三不朽圖贊序

陸成本

前明多名臣鉅儒，而求其立德、立功、立言三者兼備，必曰姚江王文成。夫若文成者，豈僅爲於越重，又豈僅有明一代罕有倫比哉！然姚江有文成發先哲之藴，以良知啓後進，至於婦孺莫不感奮，以故明季於越之才彦尤盛。此張陶菴先生《有明越人三不朽圖贊》之作所由冠以文成也。陶菴爲文恭後裔，具良史才。此一編特其緒餘，而深舊德之思，凜維桑之敬，即此亦可想見其爲人。觀其自序，沿門祈請，臨摹遺像，像各爲之傳贊，圖形惟肖，出言必誠，用以嘉惠後來，激厲意氣，厥心苦，厥功懋矣。

攷其類次，立德之目十二：首理學，自王文成而下八人；次忠烈，自孫忠烈而下三人；三忠節，自陳復初而下十人；四忠諫，自韓五雲而下十人；五孝烈，自何孝子而下五人；六義烈，自高白浦而下九人；七節烈，自章欽臣妻金氏而下四人；八清介，自陳恭介而下六人；九剛正，自魏文靖而下九人；十盛德，自孫文恪而下十人；十一隱遯，自許半圭而下七人；十二生孝，自劉遂安而下三人。立功之目三：首勳業，自蔣定西侯而下三人；次相業，謝文正、朱文懿二人；三功業，自楊恭惠而下四人。立言之目三：首文學，自楊鐵崖而下七人；次博學，自孫月峰而下五人；終以畫藝三人，曰朱越峥、張葆生、陳章侯。凡一百八人，其中女婦六、童子一、傭一。嗚呼！觀於此可以感發興起矣。人孰不可以不朽哉！患不樹立耳。克自樹立，上之可從祀聖人之廡，次亦可留芳躅於史書，扇馨風于百世，忠孝、節義之烈，直聲、清尚、道義、勳猷之美，雖品概各殊，其不朽同也。彼婦人、弱子、傭流得與名臣鉅儒並列圖贊者，非其動於良知之所自具，見義勇爲而然歟？嗚呼！觀于此者可以感發興起矣。

成本少見此編，心竊欽挹。宦遊以來録録，愧無建樹，然先型真面未嘗敢忘。頃從家鄉索寄得之，惜其流布未廣，且有墨譌文缺者，敬爲寫校，重付槧鉛。既以昕夕自勗，且以裨蜀之人士，得與道將《士女録》並觀，以資其激勸。若曰秦、越人之相視忽不動心，當不其然。夫楚弓，豈必楚得乎哉！

嘉慶二十有一年丙子仲冬，蕭山後學陸成本識於宜賓官舍。

録自嘉慶二十一年陸成本刻本

## 朱跋

朱文然

此前明張宗子先生《三不朽圖贊》也。作書之意，序中詳哉其言之矣。其板向存朱氏，後歸余氏。予嘗欲印刷行世以公同好，但有志未逮也。至戊寅秋，始購得之，惟多歷年所，梨棗漫漶，因細爲檢閲，殘者葺，闕者補，得成完璧，印刷以酬素願。竊思人之好善，誰不如我？以我之譾陋無才，尚勉爲此舉，則當世士君子景仰前賢，對遺像而琴夢相通，讀箴言而持贈思遍者，豈少也耶？此板現藏山陰南澗之雙梧堂，凡願印送以繼前哲作書之意者，噬肯來遊，足慰鄙懷。特跋數語以告同志云耳。

嘉慶庚辰歲端月之吉，山陰後學朱文然松山氏謹跋。

録自嘉慶二十五年朱文然雙梧堂重修本

## 越縵堂日記一則

李慈銘

閲張岱宗子《有明越人三不朽圖贊》，分立德、立功、立言三門，三門中又各分子目。立德門理學八人：餘姚王文成守仁，山陰王龍谿畿，山陰劉忠端宗周，山陰錢緒山德洪，緒山本名寬，以字行。此贊獨稱其名，非是。《明史》及《紹興府志》皆云緒山餘姚人。餘姚徐曰仁愛，山陰季彭山本，山陰張文恭元忭，嵊周海門汝登。《明史》言汝登至南京尚寶卿，此云至工部侍郎。忠烈三人：餘姚孫忠烈燧，會稽沈忠愍鍊，弘光時又謚貞肅。山陰陸忠烈夢龍。忠烈爲國朝乾隆中賜謚。贊言陸公『手胸不能戴幘』，爲他書所未見。徐氏秉義《忠烈紀實》及《越殉義傳》皆稱明謚忠烈，而《明史》不載。忠節十人：山陰陳節愍性善，節愍，亦乾隆中賜謚。弘光時謚忠節。餘姚毛忠襄吉，山陰郁少卿采，餘姚黄忠端尊素，號白菴。山陰吴節愍從義，節愍亦乾隆賜謚，《越殉義傳》言魯王贈謚襄敏。餘姚施忠介邦曜，上虞倪文貞元璐，弘光時謚文正。山陰周文忠鳳翔，號巢軒，弘光時謚文節、文貞、文忠一作文介。順治中賜謚文忠。山陰祁忠惠彪佳，忠惠，乾隆中賜謚，魯王贈謚忠毅，唐王贈謚忠敏。會稽余忠節煌。忠節，乾隆賜謚。忠諫十人：山陰韓副憲宜可，號五雲。山陰陳侍郎思道，號行父。會稽陶莊敏諧，號南川。山陰汪青湖應軫，汪先生字子宿，官終江西提學僉事。《明史》及府縣志皆有傳。至施里後，縣令爲置綽楔，名清風里，及其號青湖，皆僅見此書。上虞徐大理學詩，徐公字以言，自刑部郎中削籍，後起爲通政司參議，未至官卒，贈大理少卿。《明史》及府志皆有傳。此書言分宜擅政，徐首疏參之；又言越中四諫，自公首難。案《明史》言謝瑜、葉經、陳紹與徐稱『上虞四諫』。謝首疏劾分宜在嘉靖十九年分宜爲禮部時，次疏在二十一年分宜初入閣時，葉疏在二十年分宜爲禮部時，陳疏在二十一年謝疏之後，而徐疏直至二十九年俺答入犯時。是四諫徐最在後，此書所云皆誤。其稱徐號曰龍川，亦僅見也。會稽沈梅岡束，贊謂其在獄時磨斷釘鐵，造成一匣，張文恭爲作銘曰：『十九年中郎節，十八年中郎匣，節耶匣耶同一轍。』此他書所未見。餘姚趙端肅錦，《明史》及府縣志皆云字元樸，此稱麟陽，蓋其號。餘姚孫光祿如法，燧曾孫。贊謂其長不滿五尺，廣顙碧眼，見者駭異。　餘姚姜光禄鏡，案《明史》萬曆十四年二月，户科給事中姜應麟首請建儲，自是繼請者百餘人，獨無姜鏡名。　此稱鏡子翼龍爲禮部郎中，首請册立，得罪。　後光宗踐祚，晉光禄寺卿。　考國本之得罪者有禮部郎中于孔兼，員外郎陳泰來、董嗣成，亦無稱及鏡者，蓋可疑也。　又案鏡與應麟爲萬曆癸未同年進士，見《明進士碑録》。　又鏡子逢元崇禎時爲禮部尚書，加太子太保，甚有清望。　逢元子天樞爲明工部郎中，天樞子希轍爲國朝順天府丞，累世清顯。　所稱鏡請建儲得罪，事必由其子孫附會。　陶菴與姜氏交好，因而載之。　蓋鏡雖籍餘姚，而世居郡城，今後觀巷姜氏其後人也。　前山西冀寧道名枚者，由翰林爲御史，頗有聲。　上虞徐檀燕如翰，稱其所著《檀燕山集》多踰等身。　案如翰官大同副使時劾方從哲，見《明史·從哲傳》。　此書稱其後官陝西參政，而乾隆《紹興府志》言其巡撫江北，以疾乞歸。　孝烈五人：蕭山何孝子競，山陰徐孝子允讓，允讓死於元末胡大海圍越之兵，事見《保越録》，當系之元人，不應厠入。《保越録》作徐本道，蓋允讓之字。　山陰陸孝子尚質，山陰孝女諸娥，新昌石孝女。　義烈九人：會稽高節愍岱，節愍爲乾隆中賜謚。　案《明史》及府縣志皆言岱當魯王監國時，官兵部職方主事。　此書亦同，而入之義烈，不入忠節者，蓋因其未爲中朝官，與葉汝荁皆仍以舉人視之，故與王、潘諸君子等列而目之爲義士。　又言其爲瀝海所人，號白浦，皆諸書所未見。　至岱實殉魯王，而《勝朝殉節諸臣録》厠之福王殉節之類則誤。《明史》附《朱大典傳》。　高義士朗，節愍子。　會稽王正義毓蓍，山陰倪舜平文徵，會稽葉節愍汝恒，此依《明史》及縣志、本書作汝荁府志作汝蘁，亦作汝蘇，《勝朝殉節諸臣録》作汝蘅注一作荁。　節愍亦乾隆中賜謚。《明史》亦附《朱大典傳》。　諸暨傅義士日炯，《明史》亦附《朱大典傳》。　山陰姚長子，縣志曰獨山人。　山陰周義士卜年，山陰潘義士集。　二人《明史》俱云會稽人，亦附見《朱大典傳》。　府志亦云集會稽人，惟《越殉義傳》及此書皆云山陰人。又皆云集聞王正義死，袖石自沉渡東橋。是其死在魯王監國之前，而《明史》謂在魯王敗後，當是史誤。《殉義傳》言集死時年二十五，此書云年十九。節烈四人：山陰徐烈婦潘氏，允讓妻，事亦見《保越録》，亦當入元。餘姚貞烈姜竇氏，瑞州府通判姜榮之妾，正德六年江西華林盜攻城死節，事詳沈德符《萬曆野獲篇》。諸暨余烈婦吴氏，會稽章烈婦金氏。孫忠襄部將章欽臣之妻，事詳全紹衣《鮚埼亭外集·大金夫人廟碑》。章官都督，結寨南鎮，《南疆繹史》作章憲，蓋其名。清介六人：餘姚陳恭介有年，餘姚孫清簡鑨，燧之孫，如法父。會稽陶文僖大臨，諧之孫。案文禧有拒奔女事，可入盛德。會稽陶恭惠承學，會稽陳新化治安，山陰朱泰州公節。剛正九人：蕭山魏文靖驥，會稽董文簡玘，會稽韓侍郎邦問，諸暨駱副使問禮，《明史》有傳，在隆慶時。官南刑科給事中，甚著風節，以上面陳十事忤旨，貶楚雄知事。是當在忠諫之列。此云禮科，與史小異。又言其字纘亭，《明史》亦失載。蕭山張尚書嵿，山陰蕭副使鳴鳳，會稽羅文懿萬化，會稽胡通政朝臣，會稽周光禄應中。案府志，應中字正甫，官止湖廣僉事。《萬曆野獲編》卷二十言其一字寧宇，會稽人。由順天籍中進士，宰直隸之真定，以强項爲巡撫孫丕揚所劾。江陵知其賢，右之。後歷官山西、湖廣僉事，升光禄少卿。盛德十一人：餘姚孫文恪陞，燧之子，鑨之父。會稽陶巡撫大順，大臨兄。餘姚孫參政汝洵，汝法弟。山陰諸文懿大綬，會稽王尚書舜鼎，山陰劉布政毅，山陰金府丞蘭，會稽姚崇明希唐，案府志，希唐字德欽，官崇明主簿。事母甚孝。孫應嘉，崇禎時官至大理卿；會嘉，官御史。會稽王御史以寧，山陰金伯星樞。蘭子。舊本此下有山陰胡幼恒像及贊。隱遯七人：上虞許半圭璋，山陰王蜕巖埜，會稽陶石梁奭齡，會稽章侍郎正宸，恪庵當魯監國時官吏部侍郎。會稽余孝節增遠，煌之弟，私謚孝節。府縣志及《思復堂集》俱作山陰人。山陰何御史弘仁，諸暨余司理綸。生孝三人：山陰劉孝子謹，會稽夏孝子千，會稽趙孝子萬全。立功門勳業三人：諸暨定西侯蔣武勇貴，山陰吳尚書兑，山陰朱忠定燮元。相業二人：餘姚謝文正遷，山陰朱文懿賡。公節子。功業四人：新昌楊恭惠信民，山陰張副使天復，元忭父。新昌何尚書鑑，新昌呂尚書光洵。立言門文學七人：諸暨楊鐵崖維禎，諸暨王元章冕，山陰陳海樵鶴，山陰徐天池渭，會稽陶文簡望齡，山陰王侍郎思任，山陰張參議汝霖。元忭子。博學五人：餘姚孫尚書鑛，陞少子，鑨季弟。山陰周雲淵述學，會稽董日鑄懋策，玘曾孫。上虞陳府尹絳，蕭山來馬湖斯行。此書不言其何官，《明史・畢自嚴傳》稱其爲兵部主事，趙彦博稱其爲天津僉事，《魯欽傳》稱其爲監軍、按察使，以疾歸，《紹興府志》言其官終福建右布政使，《南疆繹史》稱其爲膠萊兵備。蓋其所歷官。馬湖一生以戰功著，亦不得以博學目之。畫藝三人：會稽朱太僕南雍，府縣志作山陰人。山陰張郡丞爾葆，諸暨陳老蓮洪綬。共一百八人，皆先繪其像，次撮舉其生平大略而系以贊。據《自序》言，與徐埜公沿門祈請，得其遺像，則所繪固皆真容。然其中如徐孝子、潘烈婦、諸娥、姚長子、章烈婦等，未必尚有遺像，或不免以意爲之。潘義士死時尚少，何以便有髭鬚？蔣定西《明史》言是江都人，並非越産，何由得此？亦皆可疑。其所位置頗多未妥：陽明理學不能掩其功業，龍溪學術蓋無足言，石簣、石梁與王髣髴，而一列隱遯，一列文學，其所抑揚深所未喻。倪、施諸公殉國之烈豈讓孫、陸，而忠烈、忠節何以區分？餘姚陳、孫兩冢宰正色立朝，非僅清節。章恪庵風力甚著，不得以隱遯概之。金伯星小善沾沾，孫月峰塗抹之學，何足不朽？至於張氏內山之功天復、肅之之文汝霖一字雨若，蓋尤不足比數。陶庵欲顯其先，概與斯目，知其他所稱舉或以姻戚之故，不無濫登。而山陰徐甫宰之戰功、會稽錢文貞之相業、章侍郎敞之清節、上虞潘太常府之學行，何以反見遺漏？義興侯鄭遵謙雖行事不甚醇，然糾旗舉旅，首倡義師，欹傴海隅，卒於夷滅，是亦豪傑之士，生氣凜然。陶菴闕之，或有所諱。觀其葉節愍贊，於義興頗有微辭，是殆有意没之者。其不及陳元倩太僕，蓋以爲杭人故。又考其序題『庚申八月』，時爲康熙十九年，滇亡已久，而越人之殉永曆者，若中湘王何忠誠、大學士嚴忠節，皆功烈甚偉。陶庵或以道遠未得其詳，故皆不見著録。其所敘述亦頗有誤。如韓宜可官止副都御史，而以爲左都御史。姜鏡事無可考，當時首請正儲者慈谿姜應麟，昭昭在人耳目，而歸之於鏡。趙端肅官左都御史，以憂歸，召拜刑部尚書，未至卒，其先在南京則歷刑、禮、吏三部尚書，而以爲歷官刑、禮二部尚書。孫汝法贈光禄寺少卿，而以爲贈光禄寺卿。朱南雍於萬曆八年官太僕寺卿，其罷歸當在是時，而謂因太子出閣講學，玩其畫扇不聽書，爲講官所言罷官。神宗即位幼沖，時方講學，安得更有出閣之太子？蓋觀扇者即是神宗，而鄉俗誤傳以爲太子，陶庵因而載之耳。要之，是書搜羅潛曜，具費苦心，先正衣冠儼然可接，較之《會稽先賢傳》、《會稽典録》諸書，尤爲有功桑梓。先君子嘗欲續爲之刻，未果。予十餘年前聞是書板藏南街余氏，已多殘缺，其家貧甚待售。曾屬孫子九、徐葆意兩君訪購之，而余氏有無賴子已竊以償博負，遂不得。今亂後不知何

録自民國七年鉛印本

如矣。

## 李跋

李慈銘

右張宗子先生所撰，凡一百八人。其自序言與徐埜公沿門祈請，得其遺像，繪而贊之。先生文獻世家，箸述甚夥，平生精力注於《石匱藏書》，谷提學應霖因其槁本以爲《明史紀事本末》，其餘傳者惟《陶菴夢憶》寥寥短書。余里居時，嘗見其詩文集鈔本，初藏吾家柯谿小李山房，後爲富人孫姓所得，劫後已不可問。其《西湖夢憶録》、《鵑舌啼血録》，余姻杜氏大吉樓藏有寫本，今亦付之兵火。此書舊版藏南街朱氏，稍有缺壞。聞朱氏略增補之，未幾以版鬻之人。余家所藏猶未遭改補之本，經亂幸存，世所僅見。張氏搜羅潛曜，具費苦心，先正衣冠儼然可接。較之《會稽先賢傳》、《後賢傳》、《會稽典録》諸書，尤爲有功越紐。惜其强分三立之名，中又各分子目，以致時代雜糅，冠笄相間，且輕重失倫，可議者多。陽明理學不能掩其功業，龍溪與石簣、石梁學術相同，宗風是煽，而王在理學，陶則一居隱遯，一在文學，其所抑揚深爲未喻。倪、施諸公殉國之烈豈讓孫、陸，忠烈、忠節何以區分？餘姚陳、孫兩冢宰正色立朝，非僅清節。章格庵風力甚著，不得以隱遯概之。若水高風，首陽比節，非可伍之蜕巖山澤之癯。至於張氏内山、肅之兩公，志播清芬，子孫恒事，然一居功業，一居文學，此有公論，非可强求。金伯星鄉里善人，孫月峰批尾之學，何足以當不朽？金庭相國區區自守，多累蛟門，醇謹可稱，略無補救，身叢衆矢，黨禍以興。平心而言，功不抵過，以與木齋並美，何啻同傳老、韓？張氏與朱世姻，故并相國之父亦入清介。董中峰阿附張、桂，集矢陽明，險忮爲懷，何名剛正？而若山陰徐甫宰之戰功、會稽錢文貞之相業、章侍郎敞之清節，上虞潘太常府之學行，何以反見遺漏？義興侯鄭遵謙雖行事不甚醇，然糾旗舉旅，首倡義師，歃血海隅，卒於夷滅，豪傑之士，生氣凛然。陶菴闕之，或有所諱。然觀其葉節愍汝薹贊，於義興頗有微辭，是殆有意没之者。又考其序題『庚申八月』，時爲康熙十九年，滇亡已久，而越人之殉永曆者，若中湘王何忠誠、大學士嚴忠節，皆功烈甚偉，或以道遠未得其詳，故不及載耳。至蔣定西者，《明史》諸書皆云江都人，今揚郡蔣氏其族尚盛。陶菴引爲越産，聞諸暨蔣氏祠堂中亦懸其綽楔，蓋以祖籍在越，支脈遠分，鄉黨相誇，援爲光寵，人之於此，則爲贅附。姜光禄諫儲一事，《明史》及諸説部無有言者。考萬曆十四年二月，户科給事中姜應麟首請建儲，自是繼請者百餘人，未嘗有姜鏡之名，而當日禮部諸曹因國本得罪者有郎中于孔兼，員外郎陳太來、董嗣成，亦無光禄之名。且二姜同爲浙東人，同登萬曆癸未進士，給事後亦贈光禄少卿，不應同以爭儲罷官後，又同得褒贈，而給事之名赫赫在人耳目，此獨泯然無述，惟有越人知之者。蓋光禄之子宗伯既貴，其後仍世顯榮，容有飾辭。後來毛西河文集亦載其事，要皆本其子孫之辭，然不敢質言也。徐檀燕僅有官大同副使時劾首輔方從哲一疏，見《明史·從哲傳》。時爭紅丸之議，主客紛紜，朋黨捭闔，迄無定論。來馬湖，《明史》無傳，惟《畢自嚴傳》稱其爲兵部主事，趙彦博稱其爲天津僉事，《魯欽傳》稱其爲監軍、按察使，《南疆佚史》稱其爲膠萊兵備，蓋一生以戰功著，不宜以博學目之。至徐孝子允讓，死於元末胡大海圍越之兵，事見《保越録》，《元史》亦載之，是當與其烈婦潘氏皆歸之元代，不應入明。其他官爵之誤者，如韓五雲官止副都御史，而以爲左都御史。周海門官止南京尚寶卿，而以爲工部侍郎。趙麟陽官左都御史，以憂歸，召拜刑部尚書，未至卒，其先在南京則歷刑、禮、吏三部尚書，而以爲歷官刑、禮二部尚書。明代以南京爲閒秩，猶唐、宋之東西京分司，故紀載必加『南京』二字，以見其非真拜。若北之七卿爲政事所出，故《明史》特立《七卿表》，而左都御史最爲清要，與冢宰相出入矣。孫俟居贈光禄寺少卿，而以爲贈光禄卿，孫官主事，褒贈例得五品卿，不得至三品也。朱越崢於萬曆八年官太僕寺卿，其罷歸當在是時，而謂萬曆五年因太子出閣講學，玩其畫扇不聽書，爲講官所言罷官。神宗即位幼沖，時方講學，安得更有出閣之太子？蓋覯扇者即是神宗，而鄉俗誤傳以爲太子，陶菴因而載之。又於徐龍川，謂『越中四諫』自公首難，案《明史》，言謝瑜、葉經、陳紹與徐稱『上虞四諫』。謝首疏劾分宜在嘉靖十九年分宜長禮部時，次疏在二十一年分宜初入閣時，葉疏在二十年，陳疏在二十一年，繼謝次疏之後，而徐疏直至二十九年俺答入犯時，是四諫徐最在後。凡此皆有待於攷正者。要其文筆簡潔，所載佚事多有出於史傳之外者，老成典型，後生有述，惟桑與梓，必恭敬止，雖不能至，心嚮往之矣。

同治六年歲在强梧蟬嫣孟春十日，後學會稽李慈銘識於受禮廬。

録自民國十二年鉛印本

## 有明於越三不朽名賢圖贊記

陳　錦

《三不朽圖贊》一書，前代遺民古劍老人張宗子先生岱所采輯。其自序云親至各家造門祈請，懇示遺像以成者。始屬明州蔡爾達刻二十餘像，越四十年，張子式宣以授其甥某力完之。又二十年，成百有八象，糾資鋟板，存朱氏。乾隆間，歸於慕邨余氏烜，庋置一室，蝨蝕漫漶。嘉慶戊寅，松山朱氏文然購得之，補成完璧，藏南澗雙梧堂。庚辰、辛巳間，是書復見於世，予纔周歲，以先大夫命，受而讀之。四十年來未嘗失墜，然猶不覺其可寶也。咸豐亂作，郡内外收藏家大半淪燹劫，予亦失是書所在。去冬以憂歸里，主講席，稍稍輯故物，憶舊聞，獨詢是書名無知者。今年壬午，過謝墅諸味青年丈故居，始得自文孫介如茂才手，徧示同人，驚爲創見，爲慨歎久之。

考是書以立德、立功、立言爲三大綱，而各繫以目。首尊陽明理學，而忠烈、剛正、孝義、貞節屬焉；次著勳業，皆儒宗；繼及藝林，亦不由詭道。偏歷舉有明殉國諸忠，莫明其用意之所在。蓋吾越人文之盛，明代爲尤，而其難能可貴者，總無逾乎氣節。氣節之本，理學爲宗，如陽明道德成勳業，蕺山志節能文章，皆以一身兼三善。下此各舉其所優，亦不能以一端盡。其必以諸忠繼王、劉者，實老人觸目驚心、感時嫉俗之所致，借褒定貶，即勸示懲，隱存勝國遺忠本色。於此知古人一物之留，必關世教。見仁見智，存乎其人，謂非三百篇風旨與？

泝自甲申時變，一度滄桑，不能無風景河山之感，而各家遺象乃亦求無不得，彙集成書。其肖狀之工，神采炯炯，適如其人。秉筆者正復胸中有物，且以見當年故家大族名蹟遺存，歷患難猶知寶貴。初不似今兹寇亂，倉皇出走，并高曾手澤盡付崑岡，事後茫然，無不數典而忘祖。豈所遭時變有輕重，抑子孫才識之不同耶？即如是書，危存片帙。其人則方志所或有，其象則家乘所必無，幸叨古劍之靈，傳次及予。越周甲而重見遺篇，亟宜全付棗梨，再光潛德。顧以槧鋟精技不可卒得，姑録存諸名賢姓字、里居、爵謚刊布一通，並摘敘其事蹟大端，以徵不朽之實。陳文恭有云：『我輩記誦先型掌故，隱寓勸懲。博千百人之見聞，偶得一二人之觀感，此書便不虛設。』信斯言也！抱遺訂墜，幸留往哲之清芬；立懦廉頑，敢負先民之嘉惠？他日謹摹原象，壽之名山，傳之其人，是所望於有志者。

光緒九年歲在癸未正月，山陰後學陳錦謹識於蕺山講舍。

按宗子先生亦號陶菴，本張文恭孫，著有《石匱》一書，紀有明三百年遺事，今佚。

録自徐氏八杉齋刻本陳錦《越中觀感録》

# 重刻有明於越三不朽名賢圖贊序

陳　錦

《有明三不朽圖贊》，吾鄉古劍老人張陶菴先生遺書，與埜公徐子親至各家造門祈請，懇示遺象而成者。初屬明州蔡爾達刻二十餘象，而先生逝。越四十年，嗣子式宣以未刻五十圖授其甥陳仲謀力完之。又二十年，蔡氏子仲明亦歸前刻，合成今書，而距先生始事時世已再傳、歲周撓甲矣。後五十餘年，原槧幾缺。乾隆乙卯，慕村余氏起而補之，一百八象頓還舊觀。嘉慶庚辰，板歸松山朱氏，梓行未久，逮乎今兹，傳次及予，又一周甲矣。遞授淵源，緜延不絶，每更數十年而一興，向非鬼神呵護有靈，擇人而與，安見其幾閲滄桑而不同歸煨燼乎？且古劍老人，前代之遺賢也，深有見於吾越有明人物之盛，自德行以至文學，代有傳人，而其難能而可貴者，總無逾乎節氣。氣節之重，理學爲宗，是書首列王、劉，而即繼以殉義諸賢者，實出老人感時嫉俗之心。題曰『有明』，猶隱存勝國遺忠本旨。披圖景仰，良用憮然。夫古人往矣，極讀書論世之量，恨不文琴旦夢，合千載而一堂，得先我而見知者，爲一一肖其衣冠，狀其儀表，而舉而示之，使無前不見古人之憾。嗚呼！此非後生小子之幸與？

予生道光初，甫離襁褓，先大夫即出是編，令恭敬瞻禮。由今思之，蓋適當朱氏之重修也。曾幾何時，予年且七十，先訓不可得聞矣，而吉光片羽之留，乃獲重新於小子之手，始願已不及此。猶憶壬午、癸未間，居憂里門，訪是書罕知者，倖得一朱氏重印本，爲刻入《越中觀感録》，僅存姓名，傳示後起，良自媿矣。令年春求助於山左中丞張朗齋尚書頓，遂重刊之志。中丞，世越人，抑亦關心桑梓，而樂與有成，不自今始者。墜緒茫茫，絶而復續。嗚呼！此又後生小子之幸也。觀是象也，讀是書也，有不感發而興起者與？

光緒戊子三月，山陰後學陳錦補勤氏識。

録自光緒十四年陳錦刻本

## 乾隆郡志文苑傳

張岱，字宗子，一字陶菴，山陰諸生。曾祖元忭，明隆慶進士廷試第一，謚文恭。祖汝霖，萬曆間兄弟進士。岱年六歲，汝霖攜之適杭州，時華亭陳繼儒客杭，命岱屬對，奇之，謂汝霖曰：『此吾小友也。』及長，文思坌涌，好結納海内勝流，園林詩酒之社必頡頏其間。累世通顯，服食豪侈，畜梨園數部，日聚諸名士，度曲徵歌，詼謔雜進。及以古事挑之，則自四部七略以至唐宋説家薈粹瑣屑之書，靡不賅悉。及明亡，避亂剡溪山。岱素不治生産，至是家益落，故交朋輩多死亡，葛巾野服，意緒蒼涼，語及少壯穠華，自謂夢境。著有《西湖夢尋》、《快園道古》、《奚囊十集》等書十餘種。别爲《石匱書》，記明代三百年時事，尤多見聞。年六十九，營生壙於項王里，曰：『伯鸞高士，冢近要離。余故有取於項里也。』後又十餘年卒，年九十三。所著《石匱》一書，入國朝，提學浙江谷應泰購得之，爲《明紀事本末》梓行於世。語見舊志《邵念魯傳》。

# 目録識語

録自光緒十四年陳錦刻本

陳　錦

謹按：念臺公《證人會約》曰：『吾越自陽明先生倡道龍山，則有錢緒山、王龍谿諸君子並起而翼之，嗣此流風不絶者百年，周海門、陶石簣兩先生復沿其緒。迨後主盟無人，不絶如綫，而陶弟石梁子可稱二難。士心屬望，謀壽斯道，進予於先生之祠，爲上巳之會，遂題其社曰證人。』又按：《乾隆府志》載理學自王、劉以外，曰徐愛、季本、錢寬、王畿、徐珊、夏淳、張元忭、周汝登、陶望齡、奭齡共十人。《明儒學案》所載略同。是書獨遺徐、夏，而以石簣列文學，石梁列隱逭，略與史志不符。今徐、夏已不及補，而升二陶於理學，以從其朔。論位次，按時代則劉忠介最後，按祀典則王、劉同祀文廟，應並列在前。原刻獨以劉忠介次王龍谿，尚覺未安，今互易之。又王季重公思任原列文學。按志載魯王監國杭州，起公爲禮部右侍郎。馬士英欲走紹興，公不可，疏請太后先斬士英，且露檄討之，有曰：『吾越乃報讎雪恥之國，非藏垢納汙之區。某當赴胥濤，乞素車白馬，以拒閣下。』屢疏極言，不聽。江上師潰，乃構亭鳳林祖墓，題曰『孤竹菴』，絶飲食七日，以丙戌九月二十三日卒。事並詳《殉義録》，不僅以文學顯，今升入忠節，以寓闡揚。其餘傳贊類此者，亦間爲校正云。

以上像贊原序稱百有八人，事實多見有明人物志，意先生鑒定人數正當葛巾野服隱剡溪山中時，故不及丙戌以後一語，所謂全乎其爲明人也。今是書原刻已百有九人，意陳仲謀等力完求像之役，先生已不及見，其增益間出自後人，是以趙孝子萬全事實在後而亦與焉。讀者審之。

後學陳錦謹識。

録自光緒十四年陳錦刻本

## 傳跋

傅鼎乾

自昔聖賢圖象仿自漢文翁繪孔門七十二賢，繼此乃有雲臺、麟閣、西園雅集諸圖，大抵擬諸形容，未必寫真惟肖。獨吾越古劍老人《三不朽圖》編列姓名，造門求象，務得真容，遲至再傳，始蕆厥事。原序所謂設有與其後裔交好者，可力完之，想見當年以影堂僾愾之資，爲閭里景行之助，無一敢參以意造，所以難也。時則明社既屋，追敘明賢，或正笏立朝，或角巾旋里，間有儒冠野服，靡不神情逼肖，如見其人，其讀書論世之寶鑑矣。象百有九，而忠義什居其六，繹傳贊語，上溯講學師承，下逮證人高弟。其遞授淵源則梨洲之《學案》也，其旁蒐軼事則《石匱》之史餘也，其感喟興亡則西臺之《慟記》也，豈直曰尹姞衣冠其容不改哉！梓鄉亂後，僅見《越中觀感録》，臚舉姓名，道是吉光片羽，今竟重鋟圖象，俾是書常在人間，呵護有靈，奚啻桑田三見。噫！是誰之力與？

戊子七月，蕭山後學傅鼎乾謹跋。

録自光緒十四年陳錦刻本

## 題識

楊越

予館李越縵農部家，見張陶庵先生所著《越人三不朽圖贊》，係乾隆乙卯重修本。中於『高皇』仍提行，『懷宗』『懷』字剜改，且其上本空一格，此類甚多，實原刻也。此本亦倆原刻，而書中多所改竄，何歟？複刻古籍，非但字句篇第不可增損值到，即行款亦宜一仿舊式，方足傳信後世。予恐此刻流傳日久，盡失作者真面目，故爲一一校還舊觀，而農部之所訂正亦遂録於眉上，將以竝餉來哲焉。

己丑十月二十二日，會稽楊越識。

録自浙江圖書館藏光緒十四年陳錦刻楊越校跋并迻録清李慈銘批校本

## 孫跋

孫鏘

此《越中三不朽圖贊》，其於有明一代詳矣美矣！去年驚蟄前曾過越城，見書肆有是書，心愛之，未購也。今年驚蟄後四日，膺紹城藥業衆商之聘，再至越城。先寓浙紹旅館，間遊書肆，又見之，用銀貳圓肆角購得之。是書宗旨大有感於鼎革之際，欲以忠孝風示後人。使此書行世，今日之爭權攘利者庶知所愧悪而不敢恣意以爲，則國利民福矣。惜無人翻印，可歎也。以《越中觀感録》較之，此尚缺四像，曰吴歲青公，曰王義士，曰倪義士，曰潘義士，俟訪得完本鈔摹之。

戊午驚蟄後八日，奉化孫鏘玉叟甫識於華清堂。

既得是書，紀之以詩：

殘編購自越王城，越地先賢重有明。立德功言皆不朽，合圖傳贊總多情。潛心模範資觀感，是書人姓名已經刻入《越中觀感録》。藉手江河挽倒傾，若使時流持一册，定教撥亂企昇平。

録自國家圖書館藏余烜重修本

## 重印有明於越三不朽名賢圖贊序

蔡元培

《明於越三不朽名賢圖贊》者，我鄉張陶菴先生所纂也。閔先達之湮没，道德儀容不可見於後世，乃與徐埜公登諸賢裔之門，求其遺象，漸積成書，用意蓋勤矣。徒以人事之遷變，因循展轉，歷五十餘年，其外孫陳仲謀乃蕆其事云。當明社既屋，士夫羣馳逐風雲，頫首受禄，而越獨多氣節之士，爲可稱也。此書今鮮傳世，王君子餘乃倩李君元昉鈎摹遺象，鐫諸銅版，形式不爽累黍，而精美過之。並屬徐君以懸以李蒓客先生手校本及平景蓀先生《羣書斠識》詳校之，而又附列陳晝卿先生刻本之異文於其後。且博攷史乘，别録爲《攷異》，而次第載諸《紹興公報》。惜所載僅及四分之一，而《公報》停止出版，王君設種種方法籌款而彙印之。雖徐君之《攷異》因事中輟，當待諸他日之續印，而李、平、陳三本之異同則已列舉之矣。付印之初，王君徵序於余。余背離鄉井幾及十載，五年冬回里一觀，故鄉健者鮮肯以蓄道德、能文章爲鵠，而粗涉法政，鋭然以功名自見，則所在多有，豈真有澄清天下之志？夫亦騖於權利而已耳。李蒓客、平景蓀兩先生著述等身，庶亦立言之選，而遺書蘊蘊，至今未有印本，何其急於彼而忽於此耶？王君辛勤料量，印此書以行世，使讀者知德、功、言三者初無所謂軒輊，在各因其性之所近而卓然有以自立，其有益於世道人心豈淺尠哉！

中華民國七年四月十五日，蔡元培。

録自民國七年鉛印本

## 王序

王世裕

《有明於越三不朽名賢圖贊》刻本有四，最初爲陳仲謀刻本，陶菴老人之外孫也。其時當在乾隆乙亥以後，有許景仁序可證。其次則余烜重刻本，在乾隆乙卯。又次則朱文然重刻本，在嘉慶庚辰。最後則陳錦重刻本，在光緒戊子，而於舊本傳贊次序多有更易。陳仲謀刻本已不可得，據越縵堂校本云盛德共十一人，而余烜重刻最先，則盛德僅十人。迨朱文然重刻則又得十一人，意越縵老人曾目擊舊本者。平安越未見舊本，並未見朱刻本，故有不知李所見何本之疑。昔歲從事《紹興公報》，謀重刊是書，問越縵喆嗣承侯，假得越縵手校本，并取安越《羣書斠識》中校本，丐徐君仲咫爲之參訂。徐君更博考他書，詳爲訂正，僅得三十餘人而止。自此淹忽，《公報》停刊，而書終以不就。當時又丐李君元昉依余、朱兩刻本以鉛繪摹勒圖像，積半載而成，製爲銅版，藏諸櫝中，亦六年矣。素志未償，幽光久閟，愸焉疚心，時縈夢寐。丁亥夏，北遊旋里，從徐君後從事縣志採訪，相與商榷，謀成是書。徐君以事冗未暇及也。自維淺陋，不敢有所增益，乃耑就越縵、安越兩家校本，益以陳錦刻本，促成是書。嗟乎！闡發幽潛，夫豈其人？親炙典型，則竊有志。陶菴老人曰：『激發義氣，砥礪勉旃。』吾讀其言，吾知勉矣。他日者徐君若能竟前此未竟之緒，則有功於是書更匪尠耳。

録自紹興圖書館藏李慈銘批校迻録本

## 重刊有明於越三不朽名賢圖贊説明

一是書圖像一百有九，悉依原刻本，倩名手鉛筆摹勒，製成銅版，精采奕奕，實勝原書。

一是書李蒓客先生慈銘、平景蓀先生步青均有校本。現將兩先生校本均刊入各人傳贊之後。李先生校本僅有手訂原本，別無刻本，於光緒戊申年假於喆嗣承侯，抄存副本，尤可寶貴。

李先生日記中有《書後》一篇，都二千餘言，亦搜輯刻入。

一是書陳晝卿先生錦於光緒戊子有重刊本，各人傳贊多所竄易，今將陳刻本與原本有異同者一併列入。

一是書用最上等連史紙印刷，全册計一百二十頁，因原書不分卷次，故合裝一厚册。

一李蒓客先生評是書云：『搜羅潛曜，具費苦心，先正衣冠儼然可接，較之《會稽先賢傳》、《會稽典録》諸書，尤爲有功桑梓。』今重刊是書，校對印刷，自不容粗率從事，惟購者鑒之。

一本局志在闡微，所定預約價格四部以上僅洋五角，實衹敷工本，以餉同志。出版決不愆期，預約期滿後每部售洋一元二角，不能再有折扣云。

録自紹興圖書館藏李慈銘批校迻録本

## 王　跋

王世裕

《有明於越三不朽名賢圖贊》於中華民國七年七月初板印成，明年又印再板後，又從越縵先生令姪璧城君處得先生嗣子承侯君手録先生跋語，初板、再板中均不及補入，此次三板乃列於諸跋之後。世道有關係文字終不久湮也如是。是書初板、再板頗有譌字，諸暨陳君子韶爲校若干字。又朱端侯先生嘗以是書爲弟子講解，亦有校勘。此次既將譌字詳爲校正，而朱先生校勘尚有應存者，摭録於後，以供學者參證。

中華民國十二年十月，王世裕謹識。

録自民國十二年鉛印本

## 朱端侯先生校勘語

『物之表裏精粗無不到』，物格也，『而後心之全體大用無不明』，而後知致也，安得云朱子倒言？ 季彭山公贊註

子澄品識似未足言同志，是否有脱簡。 陳行父公贊

『粤甸乂安』，『乂』當作『乂』。 陶南川公贊

此圖不凖，予有徐氏藏本，戴五嶽冠，執笏，項有鎖，下注『族裔孫迪惠仿遺像重摹』，此乃真像。若是則古劍老人所稱沿門求像，其真確乎否，抑未能遍也。 徐龍川公像

『輂還不死』，『還』想是『過』字。 趙麟陽公傳平按語

按《華陽國志》，先尼和過成湍灘死，子求不得，女絡自沉，與父屍俱出。人爲語曰：『符有先絡，僰道張帛。』先尼和，符縣人。僰道黄帛，張貞妻，沉身求貞，事類此。 孝女諸娥贊

唐時隱者譚峭著有《譚子化書》。師嵩山道士十餘年，得辟穀養氣之術。卧風雪中經日，人謂已死，視之則其氣蒸蒸然。其後遊建康，見宋齊丘有神仙風格，出其《化書》六卷授之曰：『是書之化，其道無窮，願子序之，流於後世。』齊丘因奪爲己有而傳之，後竟不得其死。《唐

琦傳》，琦本衛士，建炎間高宗航海，琦病，留越州。李鄴以城降金人，琶八守之。琦袖石伏道旁，伺鄴出，擊之不中，被執死。潘義士集贊

李按『盛豹』下應有『人』字，予謂既有『人』字，『一』字不可解，或是盛豹一人。貞烈姜竇氏傳李按語

『烈婦金氏』下應加『會稽』二字。章烈婦傳

恭惠歷官南京尚書，卒贈太子少保，似應添入，觀《陶氏宗譜》知之。陶恭惠公傳

『存渾厚』，『存』下落一字。魏文靖公傳

胡公朝臣墓在下竈木瓜山稱巷牌頭地，因公墓道名焉。碑題『胡端肅公墓』，不知何年賜謚。李、平未之考，何以不書謚，豈未之信與？胡敬所公傳

『夫額有泚』，『夫』字有誤，似宜用『其』字。孫季泉公贊

孫木山汝洵，餘姚人。孫木山公傳

『不復娶小草』，小草豈是妾稱耶？姚春野公傳

王咸所以寧，會稽人。王咸所公傳

章格菴正宸，會稽人。章格菴傳

『比妓』二字俟質。吴環洲公贊

此贊與敘事毫無關涉，又守成都，不守蘇州，豈誤耶？朱恒嶽公像

『儀都偉』，『儀』下落一『表』字。謝木齋公傳

『駕春水宅』，殆即浮家泛宅之意。楊鐵崖公傳

『文不如叉』，摘梅用畫叉取之，俾木奴得果腹也。王元章公平按語及陳本

『𡥧』應作『聱』。張雨若公贊

上句作『嘗鼎一臠』，次句『可知鼎味』，『鼎』字曾否易字。周雲淵公贊陳本

『曚憧』，想是『懂』誤『憧』。董日鑄公贊

按朱先生所疑書中譌字及缺字，因歷來刻本均是如此，故未改正。每見前人校刻古書，好以己意改竄字句，雖實勝藍，終嫌失真，故不敢也。乢裕又識。

録自民國十二年鉛印本

## 三不朽圖贊《讀書雜録》之一

周作人

張宗子著《於越三不朽圖贊》，刻成於其外孫陳祖謀之手，已極希有。余所見衹余氏慕村補刻本，後歸朱氏，又爲山陰陳晝卿先生所得，修補刊行。雖少遜前刻，然先烈儀容故自宛然，後生小子時一展對，足以激發志氣。顧三十年來，已不審板片何在。前士子餘君以銅板鏤印，亦迄未成書，殊可惜也。

晝卿先生爲大父業師，兒時屢聞稱道及之，後見其集中正續文牘，尤惓惓於故鄉文獻，別

録《三不朽圖目》、《詩巢祀位》等文，爲《越中觀感録》一卷，八杉齋徐氏刻行之，似肆中尚有售者也。

一九一五年三月刊《紹興教育雜誌》第五期，署名啓明

## 三不朽圖贊題記

周作人

張宗老著《越人三不朽圖贊》，寒齋舊有一部，乃何棟山藏本，乾隆庚申一七四〇陳氏原刻，乙卯一七九五余慕郫重修。今年得此書於杭州，後有嘉慶庚辰一八二〇朱松山跋，則板又經修補矣。余氏跋云共得一百八像，唯細審之，則有百單九人，位置先後亦不盡同。又如陶石簣，朱本列於立言文學，而余本乃爲立德理學之末一人。不知宗老原本究竟如何，惜不能得陳仲謀初刊本一正之也。

光緒中陳晝卿復刻於湖北，文字亦多錯亂，更不足據。民國初年《紹興公報》社影印本，輯録平、李諸家校語，甚有價值，唯李元昉臨橅圖像，大有真容氣味，殊不可耐。故以所見諸本言之，余、朱二氏修補之本雖非本來面目，亦尚庶幾近之耳，然則此書蓋未可以後印而輕之也。

中華民國二十五年十二月三十一日，知堂識於北平苦茶菴南窓下，時卧病初起也。

録自周作人題跋朱文然雙梧堂本，亦見於一九三八年六月二十四日刊《北平晨報》，署名藥堂，文字略異

## 三不朽圖贊《舊書回想記》之一

周作人

張宗子著《有明越人三不朽圖贊》，不分卷，寒齋所得最早者爲乾隆乙卯慕村余氏印本，末有白文印曰『楝山讀過』，蓋是平景孫舊物。此外有一本似是後印，而内容次第與目録稍不同。立德忠諫之五徐龍川公像前别有一幅，後署『族裔孫迪惠仿遺像重摹』。案徐迪惠字鹿苑，上虞人，嘉慶戊午舉人，故此本應是庚辰板歸朱氏後所印，唯末無朱松山跋，不知何也。朱端侯校勘語於徐龍川像上批云：『此像不準。予有徐氏藏本，戴五嶽冠，執笏，項有鎖，下注「族裔孫迪惠仿遺像重摹」，此乃真像。若是則古劍老人所稱沿門求像，其真確乎否，抑未能遍也。』案所稱徐氏蓋即徐鹿苑之諸孫文若，住東郭門内徐立綱故宅内，爲會稽廪膳生，民國初尚存。古劍老人求像未能真與遍，此殆不能免。如姚長子本鄉曲窮民，死於寇難，豈能有遺像可得哉！光緒戊子山陰陳氏重刊此書於湖北，改竄失真，殊不足取，唯圖像尚可看耳。民國七年王子餘以鉛字重印，文字一仍陶菴之舊，且收録平景孫、李越縵二家校語，甚爲有益，像用銅板，令李元昉縮小摹寫，不脱真容氣味，殊不可耐。王君亦是有識者，何以乃有此失也？十二年又印三板，校正誤字外，併加入李越縵跋及朱端侯校勘語，唯銅板則愈益模胡矣。

宗子著作，此外寒齋所得有《夢憶》八卷，乾隆甲寅又道光壬午巾箱本，均王見大所刻，粤雅堂重刊本，《硯雲甲編》一卷本；《西湖夢尋》五卷，康熙丁酉本，光緒丁氏重刊本；《古今義烈傳》八卷，天啓年刊，惜有一卷抄配；《史闕》十五卷，道光甲申鄭氏刊本；《瑯嬛文集》六卷，光緒丁丑王氏刊本；《瑯嬛集詩》不分卷二册，光緒辛丑虞山周氏抄本；《評東坡和陶詩》一册，漢陽朱氏抄本，署戊子冬，『胤』字缺筆，當是乾隆之三十三年，後附宗子補和二十四首，書眉亦有評語，或是王白嶽等人手筆耶？

録自一九四三年九月《古今》第三十一期，署名知堂，後收入《書房一角》

**圖書在版編目(CIP)數據**

三不朽圖贊：張岱全集 /（明）張岱撰；公户夏點校.
—杭州：浙江古籍出版社，2017.5
ISBN 978-7-5540-1037-2

Ⅰ.①三… Ⅱ.①張… ②公… Ⅲ.①歷史人物－列
傳－中國－明代－畫册 Ⅳ.①K820.48－64

中國版本圖書館 CIP 數據核字(2017)第 101670 號

# 三不朽圖贊

(明)張 岱 撰　公户夏 點校

**出版發行**　浙江古籍出版社
(杭州市體育場路 347 號　郵編：310006)
**網　　址**　www.zjguji.com
**責任編輯**　陳小林
**文字編輯**　潘丕秀
**封面設計**　劉　欣
**責任校對**　余　宏
**責任印務**　樓浩凱
**照　　排**　浙江時代出版服務有限公司
**印　　刷**　浙江新華數碼印務有限公司
**開　　本**　880mm×1230mm　1/32
**印　　張**　9.125
**字　　數**　208 千
**版　　次**　2017 年 5 月第 1 版
**印　　次**　2017 年 5 月第 1 次印刷
**書　　號**　ISBN 978-7-5540-1037-2
**定　　價**　45.00 圓(精裝)